L'EXCUSE

DE

JACQUES DE BOURGOGNE

L'EXCUSE

DE NOBLE SEIGNEUR JACQUES DE BOURGOGNE

Seigneur de Falais et de Bredam

par

JEAN CALVIN

réimprimée pour la première fois sur l'unique exemplaire
de l'édition de Genève 1548

avec une Introduction

par

ALFRED CARTIER

PARIS

ALPHONSE LEMERRE, ÉDITEUR

23-31, PASSAGE CHOISEUL, 23-31

M DCCC XCVI

INTRODUCTION

'EXCUSE de Jacques de Bourgogne appartenait jusqu'ici à la nombreuse catégorie des livres dont l'existence se trouvait établie par des témoignages incontestables, mais dont tous les exemplaires semblaient avoir disparu. Dès le milieu du XVIIIe siècle, l'éditeur anonyme des *Lettres de Calvin à Jacques de Bourgogne*[1] n'avait pu se procurer l'ouvrage, et dans leurs prolégomènes du tome X

---

1. Amsterdam, 1744, in-8.

des *Calvini Opera,* cet admirable monument élevé à la gloire du réformateur, MM. Reuss, Baum et Cunitz déploraient l'inutilité de leur enquête à cet égard[1]. Seule, la traduction latine, qui n'est pas due à la plume de Calvin, avait subsisté en quelques rares exemplaires, et c'est ce texte de seconde main que les savants théologiens de Strasbourg ont dû se contenter de joindre à leur édition.

Ce livret introuvable, le hasard nous a permis de le découvrir dans un recueil de pièces du XVIe siècle faisant partie de la bibliothèque de notre ami M. Henry Tronchin, à Bessinge[2], lequel a bien voulu nous autoriser à le publier.

Il nous a paru bon, en effet, de faire connaître l'*Excuse* de Jacques de Bourgogne. Demeurée jusqu'ici comme inédite, elle n'en mérite pas moins de

---

1. « Nous l'avons cherché — nous écrivait le professeur Reuss, quelque temps avant sa mort — dans tous les coins de la Suisse et de la France. »

2. On sait que Théodore de Bèze, dont la fille adoptive, Théodora Rocca, avait épousé le professeur Théodore Tronchin, laissa à ce dernier une partie de sa correspondance et de ses livres. Ce sont eux qui constituent l'un des fonds les plus précieux de cette célèbre collection, et c'est à cette provenance qu'il y a lieu, selon toute probabilité, de rattacher notre volume.

prendre rang parmi les œuvres françaises les plus remarquables du réformateur. Chacune de ces pages porte l'empreinte de sa puissante personnalité et révèle non seulement le théologien et le polémiste, mais encore le grand écrivain et l'un des maîtres de la langue.

Il nous restait à raconter la vie du personnage dont Calvin a plaidé la cause avec tant d'éloquence. Nous nous sommes efforcé de marquer plus nettement qu'on ne l'a fait jusqu'ici, les traits de cette intéressante figure, de rechercher les origines de son évolution religieuse et d'en suivre le développement. Une conversion sincère, a dit un auteur contemporain, n'est-elle pas le plus passionnant des problèmes moraux ? C'est par là en effet que le héros de l'*Excuse* mérite de fixer le regard et d'être compté au nombre des plus dignes parmi ceux qui ont répété le mot jeté par le moine de Wittemberg à la face des États de l'Empire : Je ne puis autrement.

CHAPITRE PREMIER

ORIGINE DE JACQUES DE BOURGOGNE.
SA FAMILLE. — SA JEUNESSE.

ACQUES DE BOURGOGNE, seigneur de Falais et de Bredam, du sang de France, descendant de saint Louis, arrière-petit-fils de Philippe le Bon, duc de Bourgogne, serait aujourd'hui presque inconnu de l'histoire, si son éclatante séparation de l'Église romaine, les persécutions qu'il eut à subir pour le maintien de sa foi religieuse, ses relations intimes avec Calvin, sa rupture enfin avec le réformateur, n'avaient donné quelque relief à sa personnalité et préservé son nom de l'oubli.

Prince d'humeur galante, Philippe le Bon, bien que marié trois fois, ne se piqua jamais de fidélité conjugale. Il eut un grand nombre d'enfants naturels, dont plusieurs furent légitimés, et en bon père de famille, il ne négligea rien de ce qui pouvait contribuer à les établir avantageusement dans le monde.

C'est de l'une de ses sujettes, Catherine de Tiesferies, de Lille, fille de Martin de Tiesferies, écuyer, que lui naquit, vers 1445, un fils devenu la souche d'une maison illustre et connu depuis sous le nom de Baudoin, dit de Lille, bâtard de Bourgogne[1].

Celui-ci, marié à une Espagnole de la maison de Castille, laissa trois fils, dont le second, Charles, seigneur de Bredam, épousa Marguerite, fille de Nicolas, baron de Werchin, sénéchal héréditaire de Hainaut. Il en eut neuf enfants : Jacques, le héros de l'*Excuse,* fut l'aîné de cette nombreuse lignée[2].

Considérés par Charles-Quint et par sa sœur, la reine Marie de Hongrie, gouvernante des Pays-Bas, comme des membres de leur famille, admis dans

---

1. Voy. l'*Histoire généalogique de la maison royale de France,* par le P. Anselme, Paris, 1726, t. I, p. 261.
2. *Ibid.,* p. 262.

leur intimité, le seigneur de Bredam et son frère Philippe, seigneur de Falais, jouirent de la constante faveur des souverains et occupèrent l'un et l'autre une haute situation à la cour. Aussi, les biens accumulés par leur père se trouvèrent-ils encore augmentés dans leurs mains par les donations de l'Empereur et des successions considérables.

Les enfants de Charles de Bourgogne entraient donc dans la vie sous d'heureux auspices et l'avenir leur promettait, semblait-il, de brillantes destinées ; mais, tandis que leur père et leur oncle ne cessaient de travailler à la grandeur de leur maison, ils devaient, emportés par une ardeur juvénile et l'élan de leur conscience, ébranler eux-mêmes l'édifice et en compromettre l'existence.

Le niveau intellectuel dans les Flandres et la Hollande était depuis longtemps très supérieur à celui de la plupart des autres pays de l'Europe[1]. L'université de Louvain, en dépit de la scolastique qui régnait là comme ailleurs, avait constitué un centre de haute culture et de fortes études, et sous l'influence des

---

1. Motley, *Histoire de la fondation de la république des Provinces-Unies*, Paris, 1859, Introduction, p. 113.

progrès de l'industrie et du commerce, les arts de la civilisation n'étaient pas demeurés en arrière. Déjà la Renaissance soulevait le monde et répandait dans toutes les classes le culte et la passion du savoir. Aussi le seigneur de Bredam pourvut-il soigneusement à l'éducation de ses fils[1], et la plupart d'entre eux achevèrent leurs études à Louvain.

Malgré la sévère orthodoxie de ce centre théologique, les doctrines nouvelles n'avaient pas tardé d'y pénétrer. L'unité n'existait qu'en apparence et la crainte seule empêchait les opinions de se manifester, mais, dans l'intimité et malgré la rigueur des édits, les discussions se poursuivaient passionnées, touchant les questions religieuses qui déjà partageaient l'Europe en deux camps ennemis. Un grand nombre d'étudiants étaient secrètement gagnés à la cause de la réforme et plusieurs, pour ne nommer que Bucer, Jean de Lasco, Enzinas et Hardenberg, devaient compter parmi ses plus vaillants défenseurs.

Des intelligences aussi ouvertes que celles de Jacques de Bourgogne et de ses frères ne pouvaient manquer de subir l'influence d'un tel milieu. Peut-être

---

1. *Excuse*, p. 15.

avaient-ils déjà reçu de quelque domestique ou précepteur les premiers germes d'indépendance religieuse[1], mais c'est à Louvain que ceux-ci se développèrent[2]. Pour notre héros, en particulier, l'impression fut profonde; son exemple, ses leçons et ses conseils exercèrent une influence considérable sur ses frères et sœurs et tous finirent par s'engager dans la voie où quelques-uns d'entre eux seulement devaient le suivre jusqu'au bout.

---

1. *Excuse,* p. 36.
2. C'est ce qui ressort formellement du procès des frères de M. de Falais en 1549, et des réponses des accusés. (Voy. à ce sujet l'article de M. Galesloot, *Revue trimestrielle,* 1862, t. II.)

CHAPITRE II

FALAIS SE LAISSE GAGNER
PAR LES DOCTRINES DE LA RÉFORME.
SON MARIAGE.

La mort de son père, en 1538, suivie, quatre ans plus tard, de celle de son oncle Philippe qui lui laissa la plupart de ses biens et entre autres cette terre de Falais[1] dont il prit désormais le nom; vint donner à Jacques

---

1. Seigneurie importante, située dans le Brabant, sur la rivière de Mohaine, entre les villes de Huy et d'Enneguy, et que Baudoin de Lille avait acquise de Philippe le Beau.

de Bourgogne la situation de chef de famille et mettre sa personne en évidence; il devait avoir alors vingt-cinq ans environ[1]. Assuré de la bienveillance particulière de Charles-Quint, à la cour duquel il avait vécu dans son enfance[2], pourvu lui-même d'une charge importante qui l'attachait à la personne de l'empereur[3], il n'avait plus, semblait-il, qu'à laisser à la fortune le soin d'augmenter encore la puissance et l'éclat de sa maison.

Mais le nouveau seigneur de Falais n'était pas une âme ordinaire. Incapable de transiger avec sa conscience pour sauvegarder ses intérêts mondains, il traversait alors, comme tant d'autres à cette époque, la crise morale et religieuse qui devait aboutir à le séparer pour toujours de l'Église romaine;

---

1. Le mariage de Baudoin de Lille ayant eu lieu en 1488, Charles, le second de ses fils, n'a pu naître avant 1490. Si l'on admet que ce dernier s'est marié vers vingt-cinq ans, la naissance de Jacques, l'aîné des enfants, ne s'écarterait pas beaucoup de l'année 1515. Ce calcul est sans doute très élastique, mais répond bien à ce que nous savons des circonstances de la vie de Falais.

2. *Excuse*, p. 7.

3. *Ibid.*, pp. 13 et 19. Cette charge était sans doute celle de chambellan et de membre du Conseil d'État, qu'avait possédée Philippe de Bourgogne, oncle de Falais.

et dont le séjour de Louvain avait marqué pour lui le début.

Fortifiés par la lecture et la méditation, ses doutes et ses objections touchant le dogme établi prenaient chaque jour une forme plus précise. D'une complexion maladive d'ailleurs, nature contemplative et repliée sur elle-même, il n'était pas fait pour mener la vie de cour[1]. Aussi ne tarda-t-il pas à résigner sa charge[2], pour se retirer dans son château de Falais. Là, seul avec ses pensées, entouré des livres de la Bible et des écrits des réformateurs, il se persuada toujours davantage, pour employer les termes de son apologie : « Qu'en la forme qu'on tient aujourd'hui à servir à Dieu et qu'on enseigne être bonne et sainte, il y a beaucoup à redire : tellement qu'en se conformant à icelle, il eût offensé mortellement Dieu, au lieu de le servir[3]. »

Cette révolution dans les croyances de Jacques de Bourgogne ne fut pas l'œuvre d'un jour : aux phases de ferveur, succédèrent parfois des périodes d'hési-

---

1. *Excusé*, p. 19.
2. *Ibid.*, p. 13.
3. *Ibid.*, p. 24.

tation et de relâchement[1], mais le mariage que Falais contracta vers cette époque avec Yolande, fille de Walram de Brederode, exerça sur ses convictions une influence décisive. Issue de l'une des grandes familles des Pays-Bas, celle des comtes de Hollande, Mlle de Brederode était en effet déjà gagnée aux idées de la réforme et la sympathie qu'éprouva pour elle Jacques de Bourgogne dut naître, en partie, de la communauté de leurs sentiments religieux.

La cérémonie nuptiale fut célébrée chez le comte de Nunaer, oncle de Yolande, et ce fut là que les nouveaux époux passèrent les premiers temps de leur union[2]. Falais fut toutefois obligé de se rendre à plusieurs reprises, soit à Bruxelles, soit dans les domaines de sa famille, pour terminer le règlement de la succession paternelle et aplanir quelques dif-

---

1. *Excuse,* p. 35.
2. *Ibid.,* p. 20. Quelques historiens ont prétendu que le mariage avait eu lieu selon le rite protestant, mais cette assertion ne nous paraît pas fondée : à cette époque, Jacques de Bourgogne ne s'était point encore ouvertement séparé de l'Église romaine; en outre, c'eût été une véritable bravade à l'adresse de l'Empereur, dont il avait sollicité et obtenu l'agrément.

ficultés survenues entre les nombreux héritiers du seigneur de Bredam[1].

Libre de ce côté, Jacques de Bourgogne put installer enfin sa jeune femme au château de Falais, sa résidence de prédilection[2]. Il espérait y trouver le bonheur dans la paix du foyer domestique, mais sa conscience, dont il avait fait l'arbitre suprême de sa destinée, allait l'emmener bien loin du repos qu'il avait si fort souhaité. En effet, la nature de ses sentiments à l'égard de la religion établie ne demeura pas longtemps ignorée; on le soupçonnait déjà d'hérésie, mais lorsqu'on le vit s'abstenir de prendre part aux cérémonies de l'Église romaine, lorsqu'on apprit surtout qu'un « prêcheur », c'est-à-dire un ministre protestant, avait été reçu à Falais, les soupçons se changèrent en certitude[3].

Dès lors, il n'eut plus un instant de tranquillité : ses voisins et surtout quelques-uns de ses proches,

---

1. *Excuse*, p. 21. D'après M. Galesloot (art. cité), l'acte de partage, intervenu à la suite de la médiation de la reine Marie, existe encore aux archives de Belgique.
2. *Ibid.*, p. 21.
3. *Ibid.*, pp. 19 et 21.

désireux de s'enrichir de ses dépouilles[1], prirent à son égard une attitude franchement hostile ; ils en vinrent même à des violences[2]. En même temps, ses ennemis le noircissaient à la cour : c'était, disaient-ils, non seulement un hérétique, mais encore un partisan des anabaptistes[3], calomnie odieuse mais terrible, à une époque où l'Allemagne et les Pays-Bas tremblaient encore au souvenir des excès commis par ces fanatiques.

L'heure avait donc sonné pour lui des résolutions suprêmes. Dénoncé comme suspect, en butte à mille vexations, menacé dans sa vie et dans celle de sa femme, Falais ne tarda pas à se convaincre que sa situation était désespérée. Auprès de l'Empereur, nul recours possible ; il avait trop vécu dans l'intimité

---

1. L'accusation de prodigalité dirigée contre Falais (*Excuse*, p. 11) montre bien quel était le but véritable de ses adversaires.

2. *Excuse*, p. 22. Les frères de Falais partageaient tous plus ou moins ses idées et ses oncles paternels étaient déjà morts ; les parents dont il est ici question ne peuvent être, par conséquent, que Philippe de Lannoy, mari de sa tante Marguerite de Bourgogne, ou quelques-uns des membres de la famille de sa mère.

3. *Ibid.*, pp. 14 et suiv.

du maître pour ignorer les sentiments de celui-ci à l'égard des protestants : Charles voulait extirper à tout prix dans les Pays-Bas, son domaine paternel, l'hérésie que les nécessités de la politique l'obligeaient à tolérer en Allemagne. Déjà prévenu contre l'homme qui avait quitté son service après avoir mené à la cour une existence d'anachorète, il n'était que trop disposé à prêter l'oreille aux accusateurs[1].

Les avis de ses frères ou de quelques amis restés fidèles durent informer Jacques de Bourgogne du danger qu'il courait. Un seul parti lui restait encore : quitter un pays dont les lois l'obligeaient à choisir entre sa conscience et sa liberté. Il ne s'y décida cependant pas sans angoisse et sans luttes intérieures, et l'on ne saurait douter que Mme de Falais, résolue à tous les sacrifices pour le maintien de sa foi, n'ait constamment soutenu le courage de son mari dans cette heure décisive.

---

1. *Excuse*, p. 23.

CHAPITRE III

PREMIÈRES RELATIONS AVEC CALVIN.
FALAIS QUITTE LES PAYS-BAS
ET SE REND A COLOGNE.

ce moment de trouble et de cruelles perplexités, Jacques de Bourgogne reçut une lettre qui dut lui paraître comme un signe de la volonté divine et vainquit les derniers scrupules qui le pouvaient retenir encore. Cette lettre était de Calvin. Elle ouvrait une correspondance qui devait se continuer durant dix années. Comment les relations s'établirent-elles entre Falais et le réformateur? Calvin lui-même nous met sur

la trace en mentionnant dès l'abord un personnage qu'il appelle le seigneur David, et qui n'est autre que David de Busanton, gentilhomme du Hainaut, lequel s'était retiré à Genève pour y pratiquer librement la religion réformée. Compatriote et ami de Jacques de Bourgogne, c'est à lui sans doute que ce dernier fit part de sa situation, en le priant de solliciter l'avis de Calvin. De son côté, Mme de Falais, ne voulant pas s'en tenir à cette démarche indirecte, avait écrit elle-même au réformateur. Or celui-ci savait bien qu'elles sont rares les âmes assez vaillantes pour soutenir jusqu'au bout l'assaut des persécutions; il ne balance donc pas, et à deux reprises, dans les termes les plus pressants, il engage ses nouveaux amis à partir[1].

Les dernières hésitations de Jacques de Bourgogne cédèrent devant l'autorité de ces conseils, où l'on sent percer déjà le directeur spirituel. Après avoir réuni à la hâte quelques ressources, il quittait secrètement les Pays-Bas avec sa femme, dans les dernières

---

1. *Calvini Opera,* éd. Reuss., t. XI, nos 508, 509 (14 octobre 1543) et 526.

semaines de 1543 ou au commencement de 1544, et franchissant le Rhin, se retirait à Cologne[1].

Falais avait d'abord songé à se rendre à Genève[2], mais, informé des dispositions bienveillantes de l'archevêque de Cologne à son égard[3], il s'était décidé pour cette dernière ville, bien moins éloignée et où il restait à portée des événements qu'il prévoyait devoir être la conséquence de sa fuite.

---

1. *Excuse*, p. 27. La date approximative du départ de Falais ressort de la correspondance de Calvin; en effet, Jacques de Bourgogne se trouvait encore dans les Pays-Bas lorsqu'il reçut la seconde lettre du réformateur; celle-ci n'est pas datée, mais elle est en tout cas postérieure à celle du 14 octobre 1543. D'autre part, il était à Cologne, depuis un certain temps déjà, au moment où Calvin lui écrivait, le 24 juin 1544 *(Opera*, n° 562). Mme de Falais partit certainement avec son mari, comme l'indique la lettre que lui adresse le réformateur à la même date *(Ibid.,* n° 563).

2. *Opera,* n° 562.

3. Hermann, comte de Wied, prélat aussi remarquable par ses vertus que par la simplicité de ses mœurs, avait tenté, dès 1543, d'introduire dans son diocèse une réforme religieuse. Ce fut très probablement Hardenberg, l'un de ses conseillers, qui lui fit connaître la situation de Falais. Hardenberg, originaire de la province d'Yssel, était en effet un compatriote de ce dernier, comme lui, un ancien élève de Louvain, et leurs relations sont attestées par une lettre de Hardenberg à Calvin, en date du 24 mars 1545 *(Opera,* t. XII, n° 624).

L'impression qu'elle produisit à la cour fut grande, en effet, et le scandale retentissant. « Je me console devant Dieu, a pu dire Falais en s'adressant à son souverain, d'avoir été le premier de votre noblesse, qui aie fait telle déclaration sans parler : de ne point vouloir adhérer aux choses qui se commettent, tant contre l'honneur de Dieu qu'au grand préjudice de votre Majesté[1]. »

Dans le camp de ses adversaires, ce fut un cri de triomphe. N'était-ce pas se condamner soi-même et donner couleur à toutes les accusations? Tel fut aussi le sentiment de Charles-Quint. Exaspéré par ce cas éclatant d'hérésie constaté dans sa propre famille, il poursuivra désormais d'une animosité personnelle l'homme auquel il avait témoigné autrefois une bienveillance particulière et il ne tardera pas à le traiter en rebelle.

---

1. *Excuse,* p. 27.

CHAPITRE IV

FALAIS A STRASBOURG.

ALGRÉ les intentions généreuses de l'archevêque de Cologne, M. de Falais ne devait pas jouir longtemps de l'asile qui lui avait été offert. Les réformes introduites par le prélat avaient naturellement rencontré une vive résistance chez les partisans de l'ancien culte et surtout auprès des chanoines de la cathédrale; ceux-ci, après avoir protesté quelque temps sans succès, ne tardèrent pas à en appeler au pape et à l'empereur. Charles-Quint saisit l'occasion : il défendit au comte de Wied de rien innover dans son diocèse et le somma

de comparaître à Bruxelles dans les trente jours[1]; en même temps, il enjoignait au fugitif de ne pas quitter Cologne, où il allait se rendre lui-même.

Falais comprit qu'il était perdu s'il tombait au pouvoir de ses ennemis[2]. Malade et alité[3], il réussit cependant à s'embarquer sur le Rhin, remonte le fleuve et ne s'arrête qu'à Strasbourg, ville libre et gagnée en bonne partie à la cause de la réforme. Il y fut accueilli avec la sympathie due à ses malheurs; on était alors dans le courant du mois d'avril 1545[4].

A peine installé dans sa nouvelle résidence, il

---

1. Sur Hermann de Wied et sa tentative de réforme, voy. Sleidan, *Histoire de la religion*, etc., Genève, 1557, in-8, f°ˢ 239 v°, 256, 265 v°, 319 et 446.

2. Il affirme dans son plaidoyer (p. 29) qu'il ne reçut qu'après avoir quitté Cologne, l'ordre écrit de l'Empereur, et que son départ fut motivé par l'état de sa santé. Nous pouvons l'en croire sur parole, mais, en tout état de cause, attendre Charles-Quint à Cologne, c'était, pour Falais, se vouer à l'abjuration ou à la mort.

3. *Excusé*, p. 28; *Calvini Op.*, t. XII, nˢ 670 et 705.

4. Falais était encore à Cologne dans les derniers jours de mars (voy. la lettre de Hardenberg à Calvin, en date du 24 du même mois, *Opera*, n° 624). D'autre part, nous allons le trouver déjà établi à Strasbourg au moment du voyage de Calvin dans cette ville, c'est-à-dire vers le milieu de mai.

y reçut la visite de Calvin[1]; les deux amis purent examiner la situation à loisir et discuter l'attitude à prendre vis-à-vis des ordres de l'Empereur. Celui-ci avait résolu, en effet, de tenter un dernier effort pour ramener le fugitif. L'un des gentilshommes de sa maison, envoyé à Strasbourg, enjoignit à Falais, au nom de son souverain, de quitter cette ville sans retard et d'expliquer sa conduite. Jacques allégua, touchant son départ de Cologne, les motifs qu'il répète dans l'*Excuse* et quant à l'accusation principale, celle d'hérésie, il rédigea par écrit une brève confession de foi destinée à être mise sous les yeux de Charles-Quint[2]. C'était, cette fois, l'adhésion explicite à la réforme et la rupture définitive avec l'Église romaine.

La réponse ne se fit pas attendre. Immédiatement déféré à la cour de Malines, sur l'ordre exprès de l'Empereur, Falais fut déclaré coupable d'hérésie et de rébellion; ses biens furent confisqués et il est probable qu'une sentence de bannissement fut pro-

---

1. Sur le voyage du réformateur à Strasbourg, en mai 1545, voy. *Opera*, t. XII, n° 645, note 8.
2. *Excuse*, p. 30.

noncée contre lui par contumace, mais il ne paraît pas avoir été condamné à mort[1].

Le reste de l'année 1545 s'écoula sans incident notable. Bien que Falais eût trouvé à Strasbourg une retraite sûre et un accueil sympathique, il avait, dès le mois de juin, manifesté de nouveau son intention d'aller s'établir à Genève, mais la peste qui éclata dans cette ville[2] et surtout la maladie qui le harcelait[3] vinrent encore arrêter l'exécution d'un projet auquel Calvin tenait fort.

Cependant, tous les regards, dans le parti protestant, s'étaient tournés vers l'homme qui avait osé, malgré Charles-Quint, proclamer les droits de la

---

1. « Neantmoins, Sire, c'est la raison sur quoy vostre court de Malines principalement s'est fondée : saisissant mes biens en vostre nom, et faisant puis apres, autres procedures contre moy. » (*Excuse,* p. 28.) — Les pièces du procès n'ont malheureusement pu être retrouvées dans les archives de la cour de Malines (Galesloot, art. cité, p. 17).

2. Lettres de Calvin à Falais, 22 juin et 5 août 1545 (*Opera,* t. XII, n°s 654 et 674).

3. Falais avait paru se rétablir au mois d'août, après trois mois de souffrances, mais pour retomber ensuite. Voy. à ce sujet les lettres de Calvin à Mme de Falais et de François Baudouin à Calvin, 15 août et 7 octobre 1545 (*Ibid.,* n°s 679 et 709).

conscience; c'était la réforme pénétrant au sein même de la famille de l'Empereur. Aussi, désireux de consacrer cette illustre conquête et de donner à son nouveau coreligionnaire un témoignage public d'affectueuse considération, Calvin lui dédiait-il, dès l'année suivante, son commentaire latin sur la première Épître de saint Paul aux Corinthiens [1].

Avec une simplicité de langage qui rehausse la valeur de l'éloge, l'auteur propose en exemple la noble conduite de Falais et le montre sacrifiant à la cause de l'Évangile une haute situation et de grands biens. Il n'a pas tenu à Jacques de Bourgogne que cette lettre ne soit restée comme un monument durable de mutuelle estime et de confiance, digne de celui qui l'écrivit comme de celui qui la reçut.

Quelques semaines plus tard, le pasteur Nicolas Des Gallars dédiait également à Falais sa traduction latine du traité de Calvin contre les Anabaptistes [2]. C'était une réponse péremptoire aux calomnies in-

---

[1]. Strasbourg, 1546, in-8. — La dédicace porte la date du 24 janvier (9 kal. februarii).

[2]. Strasbourg, 1546, in-8. — L'épître dédicatoire est datée du 15 mars 1546 (Voy. *Calvini Opera,* t. VII, proleg., p. xxv).

téressées de ceux qui représentaient Jacques de Bourgogne comme un adhérent de cette secte. Désireux toutefois d'une réhabilitation plus complète, celui-ci méditait de s'adresser directement à son souverain, et de faire auprès de lui une suprême tentative.

CHAPITRE V

L' « EXCUSE ».

ES fausses accusations de ses ennemis, complaisamment accueillies par la cour de Malines, avaient exaspéré Falais; il résolut d'en appeler, une dernière fois, à la justice de l'Empereur et de chercher à se disculper d'allégations qui ne touchaient plus seulement à ses croyances, mais encore à son honneur[1]. C'est ainsi qu'il eut l'idée de soumettre à Charles-Quint un mémoire justificatif de sa conduite et des motifs

---

1. *Excuse,* Avis aux Lecteurs.

qui l'avaient obligé à quitter la Belgique. Ce recours solennel était le dernier espoir du proscrit; il fallait donc en peser tous les termes et ne rien laisser au hasard, aussi Falais ne manqua-t-il pas de s'adresser à Calvin pour la rédaction de ce plaidoyer. Il ne pouvait choisir un défenseur plus éloquent ni plus habile.

Le réformateur approuva le projet et, avec cette promptitude d'exécution qui était dans son caractère, il se mit à l'œuvre sur-le-champ. Dès le 16 avril 1546[1], le manuscrit, rédigé dans l'espace de quelques semaines[2], était envoyé à Falais.

Celui-ci n'avait eu primitivement d'autre intention que de placer sa défense sous les yeux de l'Empereur. Il en chercha les moyens à plusieurs reprises, mais ses tentatives demeurèrent infructueuses[3], et Jacques de Bourgogne dut bientôt comprendre qu'à moins d'une éclatante abjuration, il lui fallait renoncer pour jamais à obtenir sa grâce. Calvin, plus clair-

---

1. Calvin à Falais *(Opera,* t. XII, n° 790).
2. C'est dans une lettre écrite vers le milieu de mars que le réformateur mentionne pour la première fois le projet de l'*Excuse* (voy. *ibid.*, n° 786).
3. *Excuse,* Avis aux Lecteurs.

voyant que son ami, n'avait pas attendu si longtemps pour s'en rendre compte et, dès la fin de 1546, il l'engageait à porter la cause devant l'opinion publique[1]. Plusieurs mois cependant s'écoulèrent avant que Falais eût pris une résolution définitive; il réclamait sans cesse des additions ou des changements et Calvin dut pratiquer d'assez nombreuses retouches au texte primitif avant de parvenir à satisfaire son client[2].

Au milieu de ces hésitations, l'année 1547 presque tout entière s'était écoulée sans que l'on pût mettre la main à l'impression. Enfin, commencé dans les premiers jours de décembre, l'ouvrage était achevé vers le 20 du même mois[3].

Une traduction latine, entreprise à la demande de l'auteur par le jurisconsulte François Baudouin[4], parut aussi quelque temps après[5].

---

1. *Opera,* t. XII, n° 833 (4 octobre).
2. *Ibid.,* n°ˢ 883, 937, 944.
3. *Ibid.,* n°ˢ 967, 970, 979.
4. Calvin à Falais, 16 août 1547 (*ibid.,* t. XII, n° 937).
5. Au sujet de cette version, voy. *ibid.,* t. X, proleg. et t. XII, n°ˢ 883 et 1008.

Nous soupçonnera-t-on de céder à une tendresse exagérée et quelque peu suspecte d'éditeur pour l'ouvrage qu'il cherche à tirer de l'oubli? Nous le dirons cependant : *l'Excuse de Jacques de Bourgogne* est un chef-d'œuvre du genre et renferme des pages dignes de cette admirable épître à François Ier qui forme l'imposant frontispice du traité de l'*Institution chrétienne*. Alors même que les documents ne nous le feraient pas connaître, chacune de ces pages est trop profondément marquée de l'empreinte du maître pour qu'il soit possible de s'y tromper. Dans cette éloquente revendication des droits de l'innocence persécutée, Calvin apparaît très noble et très grand. Avec sa raison supérieure, ses vues profondes, cette logique implacable, cette dialectique puissante qui serre de près l'argument, il transforme la défense en attaque, prévoit les objections, les réfute d'avance et ne laisse pas à l'adversaire le temps de reprendre pied. Sans négliger les faits, qu'il discute avec une habileté que pourraient lui envier les maîtres de l'éloquence judiciaire, il élève constamment le débat : c'est de la vérité méconnue qu'il s'agit, des droits imprescriptibles de la conscience. Parvenue à cette hauteur, la question personnelle s'efface, ou, pour mieux dire, elle se confond avec la grande cause au triomphe de laquelle le réformateur a consacré sa vie.

Non pas, d'ailleurs, qu'il oublie les intérêts de son client pour les siens propres : modèle de précision, de méthode, de vigueur et de clarté, la défense de Jacques de Bourgogne porte la conviction dans tout esprit non prévenu, réhabilite sa mémoire et, devant la postérité, fait du condamné de Malines l'accusateur de ceux qui l'ont frappé.

En s'adressant à Charles-Quint, l'habile avocat ne néglige rien de ce qui peut adoucir un juge prévenu et irrité ; il n'oublie pas surtout qu'il parle au nom d'un sujet resté, malgré d'injustes rigueurs, loyal et dévoué, mais le respect qu'il témoigne à la personne de l'Empereur, le soin qu'il apporte à placer l'autorité temporelle en dehors de la discussion, n'enlèvent rien à la fierté de l'allure ni à la dignité du maintien. Condamné et proscrit, M. de Falais n'en reste pas moins prêt à sacrifier sa vie pour le service de son souverain, mais s'il faut rendre à César ce qui est à César, il faut rendre aussi à Dieu ce qui est à Dieu, et dans le domaine du for intérieur, le dernier des misérables se retrouve l'égal du maître de l'Empire.

Le style est à la hauteur de la pensée, sobre, ferme et concis, dédaigneux de toute rhétorique, empreint, dans sa simplicité grave, d'un je ne sais quoi de fier et de hautain; c'est bien là vraiment l'*imperatoria brevitas*, et dans le style, l'homme tout entier. La phrase courte, nerveuse et ramassée sur elle-même, va droit au but, exprime exactement l'idée et ne connaît ni les hésitations ni les tâtonnements d'un esprit qui lutte pour trouver sa formule.

Parfois, sous la modération des termes et le calme apparent de l'homme, on sent passer, dans un souffle de colère et d'émotion contenues, comme une inspiration des prophètes de l'ancienne alliance. Alors, en présence de la grandeur du sujet, l'écrivain se révèle, le style s'échauffe et se colore, la période, jusqu'ici retenue et comprimée, prend du nombre, de l'harmonie, une ampleur souveraine, et d'une large envolée, dans un mouvement superbe, touche aux cimes. Telles ces protestations contre les calomnies dont Falais est victime, ces revendications de la légitimité du protestantisme, ou enfin ce recours suprême à la justice divine, dans cette péroraison que nous voulons citer ici :

« Et maintenant je supplie votre Majesté, Sire,

« qu'il lui plaise recevoir cette excuse. Car il n'y a
« rien en ce monde qui me soit si dur à porter, que
« d'être en l'indignation d'icelle. Si je me sentais
« coupable de l'avoir offensée, je me présenterais à
« toute punition plutôt que de vivre en tel regret et
« fâcherie. Connaissant qu'on vous a irrité sans cause
« contre moi, je ne sais que faire, sinon de vous
« supplier qu'il vous plaise connaître mon innocence.
« Priant Dieu aussi, de vous manifester l'affection de
« mon cœur, laquelle vous contenterait, Sire, si elle
« vous était bien connue. Pour le moins, vous sau-
« riez que jamais je n'ai désiré qu'à me gouverner
« en la crainte de Dieu, sous l'obéissance de votre
« Majesté, et que maintenant je n'ai pas changé de
« propos. Que si, par la grâce de Dieu, un tel bien
« m'est octroyé qu'après m'avoir prêté bénigne au-
« dience en la lecture de ce mien écrit, votre plaisir
« soit d'accepter mes excuses, je me réputerai bien-
« heureux. Cependant, je me repose en cette con-
« solation qui n'est pas petite : que j'ai ma conscience
« pure devant Dieu et devant ses Anges et que je
« serai trouvé tel de fait devant le monde, quand on
« enquerra de la vérité. »

Il faut franchir un siècle pour retrouver, avec Bossuet, des accents d'une telle puissance, et comment ne pas admirer ce noble langage, comparé à la phraséologie des contemporains, pénible, obscure et toute enveloppée encore dans les langes d'une latinité d'école? Sous la plume de Calvin, le français devient, pour la première fois, capable d'exprimer dans une forme classique les plus hautes conceptions de l'esprit, et c'est pourquoi, en puisant dans son génie le secret de cette simplicité grandiose, de cette clarté lumineuse, le réformateur a fait œuvre immortelle et bâti un monument qui durera autant que la langue elle-même.

CHAPITRE VI

FALAIS QUITTE STRASBOURG ET S'ÉTABLIT A BALE.

ous avons dû, pour résumer les circonstances diverses qui accompagnèrent la publication de l'*Excuse,* devancer quelque peu l'ordre des temps et laisser Falais à Strasbourg au début de 1546. Après quelques mois de tranquillité, il était tombé de nouveau gravement malade dans le courant de juin et ce ne fut guère avant le mois d'octobre qu'il entra en convalescence. C'est également à cette époque qu'il apprit la mort de l'aînée de ses sœurs, Hélène de Bourgogne; elle avait épousé Adrien de l'Isle, sieur de Fresne, et s'était,

elle aussi, entièrement ralliée aux doctrines de la réforme[1].

Malgré l'absence de faits saillants, la correspondance de Calvin avec M. de Falais demeurait fort nourrie. Il y est surtout question de l'*Excuse,* de points de controverse, de livres nouveaux et d'événements politiques, mais ces lettres n'en présentent pas moins un vif intérêt, parce qu'elles nous montrent le réformateur sous un aspect intime et familier, bien différent de celui auquel on a généralement coutume de l'envisager. Accablé d'occupations multiples, obligé d'entretenir une correspondance qui s'étendait à toute l'Europe, sentant peser sur ses épaules le poids si lourd de la cause protestante, alors menacée de toute part, et dans Genève même, aux prises avec des difficultés sans cesse renaissantes, on le voit cependant toujours prêt à mettre sa plume, son temps et ses conseils au service de M. de Falais. Avec sa droite raison, sa vue claire des hommes et des choses, il apparaît comme l'ami sûr, le conseiller toujours écouté, auquel on se hâte

---

[1]. Voy. Anselme (ouvr. cité), t. I, p. 263, et *Calvini Opera,* t. XII, nos 840 et 853 (20 nov. 1546).

de recourir dans les moindres circonstances. Aussi, la considération qui lui est témoignée par la famille de Falais se double-t-elle d'une véritable affection [1] et l'on peut dire que pendant une dizaine d'années, la personnalité de Calvin a été étroitement mêlée à l'existence de Jacques de Bourgogne.

Cependant, dès le mois de septembre 1546, les affaires du parti protestant avaient pris en Allemagne une fâcheuse tournure et le déclin de la ligue de Smalkalde allait mettre les Strasbourgeois dans une situation critique. Ils tentèrent d'abord d'obtenir des secours du roi de France [2], mais François Ier, malade et vieilli, ne sut pas profiter de l'occasion, et devant les progrès de l'empereur, la ville dut se résigner à composer avec lui, ce qui eut lieu effectivement au mois de mars 1547.

Ces événements ne pouvaient manquer d'exercer leur contre-coup sur la situation particulière de M. de Falais; il se vit de nouveau en danger de tomber aux mains de son ennemi et il comprit de

---

[1]. Falais voulut, en particulier, être le parrain d'un enfant qu'attendait la femme de Calvin, mais qui, d'ailleurs, ne vécut pas *(Opera,* t. XII, n° 784).

[2]. *Ibid.,* n° 859.

plus que sa présence au milieu des Strasbourgeois augmenterait encore les difficultés de leur position. Aussi, sans attendre la soumission de la ville, il n'hésita pas à reprendre le bâton du voyageur et à se retirer à Bâle où il était assuré de la protection efficace des cantons suisses attachés à la cause de la réforme. Ce nouvel exode dut avoir lieu à la fin de 1546 ou au début de l'année suivante; en tout cas, Falais était déjà établi à Bâle[1] au commencement de février 1547, car c'est là qu'il reçut une visite de Calvin, lequel s'y rendit précisément à cette époque[2]. La publication de l'*Excuse* fut définitivement résolue dans cet entretien et Jacques de Bourgogne manifesta une fois de plus à son ami l'intention de se fixer à Genève; il le chargea même de retenir pour lui un logement dans cette ville[3], mais l'exé-

---

1. Il y fut reçu bourgeois, le 22 février 1547 (Archives de Bâle, *Oeffnungsbuch*, VIII, f° 118; communication de M. le Dr Wackernagel, archiviste d'État).

2. Cette entrevue est attestée par le témoignage de Falais lui-même qui a inscrit sur deux lettres de Calvin, du mois de novembre, la mention : « Refpondu verballement à Bafle. » (Voy. *Opera*, t. XII, n°s 852 et 853; et sur le voyage du réformateur, t. XXI, *Annales*.)

3. *Ibid.*, t. XII, n° 881 (25 février).

cution de ce projet devait subir encore bien des retards.

A peine Calvin avait-il quitté Bâle, que Falais eut la joie de voir arriver auprès de lui Antoinette de Bourgogne, la seconde de ses sœurs, qui n'avait pas hésité à suivre l'exemple de son frère et à tout quitter pour le maintien de ses croyances [1]. C'est à Bâle également qu'il reçut la visite de deux de ses frères, Pierre, protonotaire apostolique, et Antoine, mais

---

1. Calvin à Falais, *Opera*, t. XII, n° 881 (25 février 1547). — Antoinette de Bourgogne a été omise dans les généalogies de la famille, mais Calvin, qui l'appelle « Mademoiselle de Bredam », la mentionne plusieurs fois dans sa correspondance et son nom se retrouve dans les pièces du procès intenté à ses frères, en 1549 (Voy. Galesloot, art. cité, p. 17). La jeune fille n'arrivait pas seule : elle était accompagnée de deux amies, dont l'une était Mlle de Villerzy, d'une famille noble de Belgique, et c'est à Valerand Poulain que Falais avait confié la périlleuse mission de conduire les fugitives. Poulain accomplit sa tâche avec courage et intelligence, mais arrivé à Bâle, il prétendit que Mlle de Villerzy s'était engagée à l'épouser et il l'attaqua en rupture de promesse de mariage. Les juges bâlois le déboutèrent de sa demande, mais cette affaire préoccupa beaucoup Falais qui ne manqua pas de recourir, dans cette occasion, aux conseils et à l'influence de Calvin. (Voy. à ce sujet, *Opera*, t. XII, n°s 884, 885, 888, 889, 904 et 912; et sur Poulain lui-même, *France protestante*, t. VIII, p. 308.)

malgré leur penchant pour la réforme, ils ne se décidèrent ni l'un ni l'autre à rester avec lui [1].

Peu de temps après, Mme de Falais mit au monde une fille, mais il était dans la destinée des deux époux de connaître toutes les épreuves de la vie et l'enfant ne vécut que quelques jours [2]. Calvin toutefois avait eu le temps de recevoir, dans l'intervalle, la nouvelle de la délivrance de la femme de son ami. « Il me fait mal, lui écrivait-il à cette occasion, que je ne puis là être avec vous, du moins un demi-jour pour rire avec vous, en attendant que l'on fasse rire le petit enfant, en peine d'endurer cependant qu'il crie et pleure [3]. »

Par une tendance assez naturelle d'ailleurs, la commune opinion ne se représente guère les grandes figures du passé que dans une attitude unique, et en supprime volontiers tous les traits de nature à atténuer le simplisme et la netteté de cette attitude. La réalité, plus humaine, ne connaît pas ces procédés

---

1. Galesloot, art. cité (procès de 1549).
2. Lettre de Calvin à Viret, *Opera*, t. XII, n° 941 (25 août 1547).
3. *Ibid.*, n° 937 (16 août).

absolus, et en face du Calvin traditionnel, au cœur sec, à l'âme fermée, elle nous montre aussi l'homme capable d'éprouver les douleurs et les joies de la famille et sachant parfois se pencher avec un sourire sur le berceau d'un enfant.

CHAPITRE VII

LE CHATEAU DE VEIGY.

ALGRÉ les obstacles divers qui s'étaient opposés jusqu'alors au projet qu'il avait formé depuis longtemps de se fixer à Genève, M. de Falais n'en avait cependant point abandonné la réalisation, et c'est au mois de février 1548 qu'il prit la résolution définitive de ce nouveau changement de résidence[1]. Cette décision coïncide précisément avec un nouveau voyage de

---

[1] Voy. la lettre de Calvin à Falais, du 27 février 1548 (*Opera*, t. XII, n° 998).

Calvin à Bâle au début de cette même année[1], et dès le 21 mars, Falais faisait part de son intention au Conseil de cette ville, en le priant de lui accorder des lettres de recommandation pour les autorités de Genève et de Berne[2].

Ce n'était pas alors une petite entreprise que de se rendre de Bâle à Genève, avec une famille de cinq personnes, des serviteurs et de nombreux bagages. Les difficultés furent augmentées encore pour Falais par son état de santé; il fallait voyager lentement, à cheval ou sur de lourdes voitures, en faisant assurer d'avance les étapes et la sécurité du chemin. Enfin, tous les préparatifs étant terminés, Falais prit affectueusement congé des magistrats bâlois et se mit en route dans le courant de juin[3].

A quelque distance de Genève, sur l'un des coteaux qui dominent la rive méridionale du lac, s'élève,

---

1. *Opera*, t. XXI, *Annales*.
2. La requête de Falais, accompagnée de la réponse du Conseil, existe encore aux archives de Bâle, St. 104. B 3. (Communication de M. le Dr Wackernagel).
3. C'est du moins la date que l'on peut fixer approximativement d'après une lettre de Calvin à Farel, écrite le 10 juillet (*Opera*, t. XIII, n° 1043).

dans une contrée agreste et salubre, le château de Veigy. Il avait, depuis la conquête de 1536, passé avec le reste du Chablais sous la domination bernoise, et c'est là que notre voyageur allait s'établir, sans savoir s'il y trouverait enfin un asile définitif.

Falais avait donc renoncé à se fixer à Genève même : son état de santé, qui exigeait un air plus pur[1], et aussi le désir de se placer sous la protection de la puissante république de Berne, furent sans doute les causes principales de sa détermination, mais ce n'en fut pas moins une vive déception pour Calvin de ne pouvoir donner à l'Église de Genève la gloire de posséder entièrement l'homme qu'il avait su conquérir sur Charles-Quint lui-même, et sa correspondance ne laisse pas de doute sur ses sentiments à cet égard[2]. Il obtint cependant qu'après s'être installé à Veigy, Falais viendrait passer l'hiver à Genève[3]. Celui-ci acheta même, par la suite, une maison

---

[1]. Dans sa lettre aux autorités bâloises, il motivait sa demande de congé sur la nécessité où il se trouvait de chercher un climat plus favorable et sur son désir de pouvoir se joindre à une Église de langue française.

[2]. Calvin à Farel, lettre citée.

[3]. *Opera*, n° 1066.

dans la ville[1]; il dut en conséquence y séjourner à plusieurs reprises.

Les magistrats genevois n'avaient pas vu avec plus de satisfaction que le chef de leur Église cette préférence accordée à la protection bernoise. Aussi paraissent-ils avoir accueilli le nouveau venu avec une froideur si marquée que Calvin crut devoir tenter une démarche discrète auprès du Conseil pour le prier de témoigner plus de considération à l'illustre proscrit; mais cette intervention eut un succès médiocre[2], et bien que des relations plus cordiales semblent s'être établies plus tard[3], on peut dire que Jacques de Bourgogne a toujours vécu à Genève en étranger; il ne

---

1. Archives de Genève, Registres du Conseil (affaires particulières), vol. 5, f° 147.

2. *Ibid.*, Registres du Conseil, vol. 43, f° 200 v° (24 sept. 1548).

3. Le 4 janvier 1549, le Conseil envoyait à M. de Falais, de nouveau gravement malade, une députation pour lui demander un don en faveur de l'hôpital. Quelque temps après, les magistrats lui prêtaient, à sa requête, des fers et des menottes destinés à quelques malandrins arrêtés sur l'ordre du nouveau châtelain de Veigy, en vertu des droits justiciers qu'il avait acquis en même temps que la terre dont il était devenu possesseur. (Voy. Reg. du Conseil, vol. 43, f° 275 v°; vol. 44, f° 81 v°.)

s'est jamais mêlé à la vie d'une cité à laquelle cependant tout semblait pouvoir le rattacher. L'état de sa santé, la réserve de son caractère le tinrent à l'écart; il vécut surtout à Veigy, n'ayant guère d'autres relations que celles de Calvin, de Viret et de leurs amis, jusqu'au jour où sa maison devint au contraire un centre de réunion pour les adversaires du réformateur.

On ne saurait donc être surpris que le passage de M. de Falais à Genève ait laissé peu de traces : il en est parti comme il y était venu, sans que sa présence ou sa disparition aient pu exercer dans la république une influence appréciable.

CHAPITRE VIII

L'AFFAIRE DE BOLSEC.
RUPTURE AVEC CALVIN.

E fut peut-être l'époque la plus heureuse de la vie de Jacques de Bourgogne que les trois années qui suivirent son établissement à Veigy, dans une retraite qu'il affectionnait, au milieu de sa famille et de quelques amis. Elles ne furent marquées pour lui que par le mariage de sa sœur Antoinette [1] et par le procès intenté à ses

---

[1]. Elle épousa, en octobre 1549, un gentilhomme français, M. de Vélu, lequel habitait aux environs de Genève sur les terres de Berne. (Voy. *Calvini Opera,* t. XIII, n° 1281; t. XIV, n° 1526; t. XX, n° 4162.) Ce person-

frères demeurés dans les Pays-Bas. Accusés d'hérésie, moins convaincus et moins vaillants que lui, ils s'étaient hâtés de répudier leurs croyances et d'implorer la grâce de l'Empereur[1]. Mais au moment même où il pouvait espérer quelque repos après tant d'orages, Falais allait être rejeté loin du port et voir s'opérer malgré lui la rupture de ses relations avec Calvin.

Nous n'avons point à refaire ici l'histoire du procès de Bolsec; on la connaît aujourd'hui dans tous ses détails et cette cause célèbre est désormais entendue[2],

---

nage nous parait devoir être identifié avec Adrien de Saint-Amand, sieur de Vélu en Artois (Pas-de-Calais), dont le nom se retrouve dans les registres du Conseil de Genève (vol. 54, f°s 156 et 158; vol. 56, f° 58; et reg. des partic., vol. 3, f° 228). Antoinette de Bourgogne mourut en 1552, trois ans après son mariage *(Calvini Opera*, t. XIV, n° 1647).

1. Les circonstances de cette affaire ont été relatées par M. Galesloot (art. cité), d'après les documents conservés aux archives de l'Audience à Bruxelles. Des cinq frères de Jacques de Bourgogne, un seul, François, demeura fidèle à ses convictions; il réussit à s'enfuir de Belgique et s'établit en Angleterre *(Calvini Opera*, t. XIII, n° 1419). Un autre, Jean, seigneur de Fromont, fut condamné à mort et ne reçut sa grâce que sur l'échafaud.

2. Voy. surtout Roget, *Histoire du peuple de Genève*, t. III, pp. 157 et suiv., et l'étude publiée par M. Henri Fazy dans le t. X des *Mémoires de l'Institut genevois;* enfin, les *Calvini Opera*, t. VIII.

mais elle a exercé sur les rapports de M. de Falais avec l'Église de Genève et avec son chef une influence trop considérable pour que nous n'en devions pas rappeler ici les circonstances principales.

Jérôme Bolsec, originaire de Paris, était un ancien moine qui avait embrassé la réforme. Ses fonctions ecclésiastiques ne l'avaient pas empêché cependant d'étudier la médecine, et au moment de son entrée sur la scène genevoise, il était fixé à Veigy auprès de M. de Falais, qui en avait fait son médecin.

Le goût des discussions théologiques lui était resté toutefois: il faillit lui coûter cher. Adversaire décidé de la doctrine de la prédestination, il osa un jour, en pleine assemblée, attaquer, sur ce point capital, l'*Institution chrétienne* et tenir tête à Calvin qui se trouvait présent. Celui-ci n'était pas homme à reculer; il accepta le défi et, sur l'heure, les ministres dénonçaient Bolsec en réclamant l'intervention du bras séculier.

Les magistrats, après avoir ordonné la formation du procès, prirent connaissance de l'interrogatoire de l'accusé, mais, sentant leur incompétence en ces obscures matières de théologie, résolurent de consulter les Églises suisses.

C'est alors que Falais apparait tout à coup dans le débat. Il écrit au Conseil pour lui recommander son médecin, « attendu, dit-il, que la cause de sa détention n'est que pour avoir parlé à la Congrégation librement de la doctrine, ce qui doit bien être permis à tous chrétiens, sans pour cela être emprisonné[1] ».

Deux jours plus tard, il revenait à la charge et sollicitait la mise en liberté de Bolsec.

Cette énergique revendication du droit de libre examen, qui est la base même et la raison d'être du protestantisme, suffirait à elle seule pour témoigner de la noblesse du caractère de Jacques de Bourgogne et de l'élévation de son sentiment religieux, mais elle nous découvre en même temps les causes profondes qui avaient amené cet esprit si tolérant et si large à séparer sa cause de celle de Calvin. Pour n'être pas direct, le coup n'en atteignait pas moins le réformateur et celui-ci ne se méprit pas sur la signification de cette démarche.

Après délibération, le Conseil arrêta simplement de suivre au procès. C'était, en réalité, une fin de

---

1. *Calvini Opera*, t. VIII, p. 200.

non recevoir, mais Falais s'était également adressé au Sénat de Berne et sa requête fut accueillie avec tant de faveur que Farel, quelques semaines plus tard, lui attribuait en bonne partie le peu d'empressement des Églises suisses à embrasser la cause de Calvin[1]. Celles-ci, en effet, à l'exception de Neuchâtel, déçurent cruellement l'attente du réformateur. Au lieu de condamner formellement Bolsec, elles se montrèrent très réservées sur la doctrine prédestinienne et prêchèrent surtout aux Genevois la tolérance et la modération.

Dès lors, il devenait difficile de frapper Bolsec avec rigueur; simplement banni du territoire de la république, il retourna à Veigy et le gouvernement bernois le prit ouvertement, pendant quelques années, sous sa protection.

L'affaire de Bolsec ne fut qu'une escarmouche dans la lutte engagée par Calvin contre ses adversaires, mais elle eut des conséquences autrement graves pour les relations du réformateur avec M. de Falais.

On ne saurait admettre, d'ailleurs, que la crise ait

---

1. *Calvini Opera*, t. XIV, n° 1584.

éclaté sans avoir été préparée; le dissentiment, plus ou moins déguisé, devait exister déjà. Jacques de Bourgogne n'avait probablement jamais éprouvé une tendresse bien vive pour le dogme de la prédestination; ses conversations avec Bolsec durent l'en éloigner davantage encore et diminuer, en même temps, sa confiance et son admiration pour la personnalité de Calvin. Les discours de l'ancien carme ne furent pas seuls à agir dans cette occasion : le ministre de Veigy[1] repoussait, lui aussi, les théories prédestiniennes et l'on comprend dès lors qu'il se soit formé autour de Falais une atmosphère, sinon précisément hostile au réformateur, du moins peu favorable au maintien de l'ascendant absolu qu'il avait exercé jusqu'alors sur l'esprit de son coreligionnaire.

Il est possible aussi que Jacques de Bourgogne eût été froissé en quelques circonstances par les allures de Calvin et supportât moins aisément le joug depuis qu'il vivait dans le voisinage du chef de l'Église genevoise.

L'arrestation de Bolsec précipita les événements.

---

1. Michel Porret, de Neuchâtel (Viret à Calvin, 7 janvier 1552. *Opera*, t. XIV, n° 1582).

Navré de ce qu'il considérait comme un abus de pouvoir et une atteinte portée à la liberté de conscience [1], Falais, n'écoutant que sa générosité, intervint résolument en faveur de l'accusé. Calvin bondit sous le coup, mais cette défection d'un personnage aussi considérable portait une atteinte trop sensible à son prestige pour qu'il ne cherchât pas à le rétablir. Des amis communs s'efforcèrent d'obtenir de Falais qu'il désavouât Bolsec et fît amende honorable, mais, soutenu par sa femme [2], il ne se laissa pas ébranler. Enfin, au sortir d'une entrevue qui paraît avoir été assez froide et n'amena en réalité aucun rapprochement, Calvin apprit que Falais avait manifesté hautement sa sympathie pour le noble et malheureux Sébastien Castellion, victime, lui aussi, de l'intolérance du réformateur [3]. C'est alors qu'exas-

---

1. « Ce n'est pas sans larmes, écrivait-il à Bullinger au cours du procès, que je suis contraint d'assister à la tragédie donnée par Calvin et ses partisans. » *(Calvini Opera,* t. XIV, n° 1255.)

2. *Vie de Calvin,* par Nicolas Colladon *(Opera,* t. XXI, p. 75).

3. Au sujet des rapports de Falais avec Castellion, voy. la belle étude consacrée à ce dernier par M. F. Buisson *(Sébastien Castellion, sa vie et son œuvre,* Paris, 1892, t. II, pp. 62 et suiv.).

péré par cette nouvelle preuve du changement qui s'était opéré dans les dispositions de Jacques de Bourgogne à son égard, il se décida à cesser toute relation avec lui. Falais, informé de cette résolution par un ami, provoqua une explication devenue inévitable et Calvin se hâta de la lui fournir[1].

Cette lettre sera la dernière du réformateur à celui dont il se proclamait naguère « l'humble frère, serviteur et ancien ami à jamais »; elle sonne le glas funèbre des sentiments de confiance et d'affection qui les avaient unis pendant des années, et bien qu'on n'en puisse méconnaître la dignité de la pensée ni la modération des termes, elle est comme imprégnée d'une amertume qui laissera dans le cœur de ces deux hommes une trace indélébile.

C'est en vain que Jacques de Bourgogne aura donné des gages essentiels à la cause de la réforme, accepté pour elle les plus durs sacrifices et constamment prouvé la droiture de ses intentions : il n'est plus désormais qu'un ennemi, presque un traître, et c'est, à son égard, un étrange concert de récriminations

---

1. Lettre à M. de Falais, sans date *(Opera,* t. XIV, n° 1692).

passionnées. Calvin donne l'exemple; il va, suivant l'expression d'un contemporain, précipiter dans les enfers celui que naguère il élevait jusques au ciel[1], et tandis qu'il efface d'une main encore frémissante de colère le nom de Falais en tête de son commentaire sur la Ire Épître aux Corinthiens[2], il ne laisse échapper, dans ses lettres, aucune occasion d'exhaler l'ardeur de son ressentiment.

Après le maître, ses fidèles. Écoutez Viret[3], un modéré cependant; écoutez surtout Farel charger M. de Falais d'injustes soupçons et le réunir à Servet et à Bolsec dans une trinité digne de régner aux enfers[4]. Nous voilà loin, en vérité, du temps où ce même Farel appelait Jacques de Bourgogne « une œuvre admirable du Seigneur[5] » !

---

1. Sébastien Castellion, *De Hæreticis a civili Magistratu non puniendis*.
2. Dans la troisième édition de cet ouvrage, publiée en 1556, Calvin a remplacé la dédicace qu'il avait adressée à M. de Falais, dix ans auparavant, par une lettre à Galeas Caracciolo, marquis de Vico, dans laquelle il laisse couler librement le flot de rancune amassé contre son ancien ami.
3. *Calvini Opera*, t. XIV, n° 1576.
4. *Ibid.*, t. XV, n° 1964.
5. *Ibid.*, t. XII, n° 799.

Enfin, treize années plus tard, Nicolas Colladon formulera le jugement officiel de l'Église de Genève, en opposant à Falais et à sa femme ceux qui ont suivi la parole de Dieu « sans feintise[1] ».

L'histoire ne ratifiera pas ce verdict; elle dira qu'en prenant, au nom de la tolérance, le parti de l'opprimé, Jacques de Bourgogne est resté fidèle au véritable esprit de la réforme et il en gardera la gloire. Calvin nous apparaît, ici comme ailleurs, avec toute l'âpreté de son dogmatisme, toute la rigueur de son caractère, mais à lui vouloir appliquer l'exacte mesure de nos sentiments et de nos idées, ce serait, à notre tour, commettre une injustice.

Au milieu des périls intérieurs et extérieurs qui menaçaient alors la cause protestante, sous le poids d'une tâche et de responsabilités écrasantes[2], le chef de la réforme française put méconnaître les intentions du défenseur de Bolsec. Dans le feu du combat, cet esprit de largeur et de tolérance, cette mansué-

---

1. *Vie de Calvin*, loc. cit.
2. Nous ne saurions mieux faire que de renvoyer ici le lecteur à l'étude magistrale de M. Faguet sur Calvin (*XVIe Siècle*, Paris, 1895).

tude d'une âme généreuse devaient échapper à Calvin et l'action indépendante de son ancien disciple ne fut, à ses yeux, qu'hostilité, faiblesse ou trahison. « Il ne faut pas se figurer Calvin proclamant une émancipation quelconque, a dit excellemment un historien, le contraire serait plutôt vrai. Il n'est ni un révolutionnaire de génie comme Luther, ni un missionnaire comme Farel : logicien et juriste, il apporte au protestantisme l'esprit de logique dans le dogme, l'esprit d'autorité dans la discipline [1]. »

Et, d'autre part, pour apprécier équitablement les hommes du passé, il faut chercher à pénétrer l'esprit de leur époque et, pour un instant, se refaire, en quelque sorte, une âme pareille à la leur. La violence du sentiment religieux qui poussait alors chaque parti à se croire en possession de la vérité absolue avait effacé chez le plus grand nombre jusqu'à la notion même de la tolérance. Personne, à cet égard, ne fut de son temps plus que Calvin. Sûr d'avoir trouvé, par la grâce divine et l'étude de la Bible, le secret de la vérité religieuse, il en était venu à considérer

---

[1]. Buisson, ouvr. cité, t. I, p. 96.

comme une offense à cette vérité et à Dieu lui-même, toute opinion contraire aux siennes. C'est donc avec une entière sincérité qu'il a pu écrire cette extraordinaire déclaration qui l'explique et l'excuse : « Quant à moi, étant assuré en ma conscience que ce que j'ai enseigné et écrit n'est point cru en mon cerveau, mais que je le tiens de Dieu, il faut que je le maintienne si je ne voulais être traître à la vérité[1]. »

Non, la plupart des hommes du XVIe siècle ne pouvaient guère pratiquer ni même comprendre la tolérance. Le respect des opinions d'autrui n'était à leurs yeux que faiblesse pour le mal et complicité avec l'erreur. Fidèles à leurs croyances jusque dans la persécution et dans la mort, ils n'ont pas hésité non plus à appliquer aux autres le *compelle intrare*.

---

[1]. Lettre au Conseil de Genève, octobre 1552 (*Opera*, t. XIV, n° 1659).

CHAPITRE IX

DERNIÈRES ANNÉES.

I M. de Falais avait pu conserver quelques illusions sur les conséquences de son intervention dans l'affaire de Bolsec, l'attitude de Calvin et de ses amis dut promptement le détromper. Aux attaques dont il était l'objet, il n'opposa que le silence dédaigneux du gentilhomme, mais l'injustice de ces procédés ne lui en fut pas moins sensible[1]. Toutefois, s'il eut à constater de nombreuses défections, il vit se grouper autour de

---

[1]. Voir les annotations par lui jointes à certaines lettres de Calvin (*Opera*, t. XI, n⁰ˢ 562 et 563; t. XII, n° 647). Il y a bien de l'amertume et de la désillusion dans ces quelques mots.

lui des sympathies nouvelles, et le château de Veigy ne tarda pas à devenir un centre de réunion pour tous ceux qui, las du joug dogmatique du réformateur, avaient accueilli avec joie l'acte d'indépendance accompli par un homme dont on ne pouvait suspecter le dévouement à la cause protestante [1]. Mais la partie n'était pas égale. Soutenu par le Consistoire et les ministres, Calvin reprit bientôt l'offensive, dispersant à grands coups la petite phalange un instant réunie autour de Falais.

Maintenant, l'obscurité va se faire, toujours plus profonde, sur les dernières années de la vie de Jacques de Bourgogne, et l'on ne peut se défendre d'un sentiment de regret en voyant cette intéressante figure s'effacer et disparaître peu à peu dans l'indifférence et dans l'oubli.

---

[1]. Nous citerons parmi eux le ministre Philippe de Ecclesia, Jean Trolliet et Jean Colinet, un ami de Castellion (voy. Roget, ouvr. cité, t. III, pp. 231 et suiv.; *Calvini opera,* t. XIV, n° 1769). Plusieurs membres de l'Église du pays de Vaud fréquentaient aussi la maison de Falais : François de Saint-Paul, ministre de Vevey, André Zébédée, pasteur de Nyon, et Jean L'Ange, ministre de Bursin *(Opera,* t. XIV, n°s 1582 et 1769; Reg. du Conseil de Genève, vol. 46, f° 194 r°).

Falais se trouvait encore à Veigy dans le courant de 1554, une année environ après le procès de Servet[1], mais l'horreur que dut lui inspirer le supplice du malheureux Espagnol, l'isolement auquel il se voyait condamné et les suspicions auxquelles il était en butte finirent par lui rendre insupportable le voisinage de Genève. Il quitta, pour n'y jamais revenir, la retraite où tout avait semblé d'abord devoir lui assurer le repos qu'il avait cherché vainement ailleurs, mais on ne saurait préciser ni l'époque de son départ, ni même le lieu de sa nouvelle résidence[2]. Si Falais est resté en Suisse après avoir quitté Veigy, c'est à Bâle, croyons-nous, qu'il dut retourner. Il y avait, en effet, bien des motifs pour l'engager à demander asile une seconde fois à la cité hospitalière et tolérante qu'il

---

[1]. Lettres de Viret et Farel à Calvin, 12 juin 1554 (*Opera*, t. XV, nos 1964 et 1966).

[2]. Au dire de Pontus Heuterus (*Rerum Burgundiarum libri VI*, pars II, Genealogiæ), Jacques de Bourgogne serait mort à Strasbourg, mais l'examen de ce texte montre que l'auteur a interverti l'ordre des résidences successives de Falais. Celui-ci, d'après M. Jules Bonnet (*Lettres françaises de Calvin*), se serait fixé à Berne après l'affaire de Bolsec; M. Bonnet a voulu dire sans doute : sur les terres de Berne, c'est-à-dire à Veigy, où Falais était d'ailleurs établi, comme nous l'avons vu, plusieurs années avant le procès.

regrettait sans doute d'avoir abandonnée pour se rapprocher de Genève[1]. Nous ne pensons pas toutefois qu'il soit mort à Bâle : la disparition d'un personnage aussi marquant aurait laissé quelque trace dans cette ville, et, si téméraire que cette opinion puisse paraître au premier abord, c'est dans les Pays-Bas que Jacques de Bourgogne a dû, selon nous, passer les dernières années de sa vie.

Il paraît avéré, tout d'abord, que Yolande de Brederode ayant précédé son mari dans la tombe, celui-ci

---

1. A l'appui de cette hypothèse, peut-être ne serait-il pas hors de propos de signaler un recueil protestant, les *Dixains catholiques*, dont le seul exemplaire aujourd'hui connu se trouve décrit au catalogue de Lignerolles, 2ᵉ partie, n° 1418. Publié sous la date de 1561 et à l'adresse de *Bernardin Wihnach à Bâle*, ce petit volume est dédié à Mᵐᵉ de Falais, par un nommé Jacques Estauge, l'auteur de la plupart des pièces qui composent ce recueil. Mᵐᵉ de Falais, qu'Estauge, dans sa dédicace, compare à Pallas et qu'il appelle la fleur de la Hollande, celle dont la renommée s'est partout répandue et dont le zèle chrétien a rehaussé le nom, ne peut être que Yolande de Brederode. D'autre part, Estauge n'est pas un inconnu : dès 1541, on trouve, dans les Archives de Bâle, la mention d'un Hans Estauge, de Lyon, en allemand Kündig, imprimeur, lequel exerçait encore dans cette ville en 1554 et même, selon quelques bibliographes, en 1562. Notre savant ami, M. Émile Picot, pense qu'il avait épousé la veuve du

épousa en secondes noces Élisabeth de Rymerswaal, fille d'Adrien, seigneur de Lodyck, dont il eut une fille, Jeanne de Bourgogne, morte à Cologne sans alliance [1]. Or il est difficile d'admettre que M. de Falais ait pu contracter ce nouveau mariage ailleurs que dans le pays d'origine de sa seconde femme; celle-ci, en effet, ne paraît pas s'être éloignée des Pays-Bas, puisque après la mort de Jacques de Bourgogne, elle se remaria elle-même à Baudoin de Juliers, seigneur de Bergen [2].

Il n'est pas non plus inutile de rappeler que c'est

---

typographe bâlois Jacob Kündig, *alias* Parcus. Mais il se peut fort bien que le volume de la collection Lignerolles ne soit que la réimpression d'une première édition publiée à l'époque du séjour de Falais à Bâle en 1547 et 1548 et aujourd'hui disparue. Cette supposition deviendrait une certitude si, comme l'affirment les principaux généalogistes des Pays-Bas, Yolande de Brederode est morte en 1557.

1. Anselme, ouvr. cité, t. I, p. 263. — D'après les renseignements que nous devons à l'obligeance de M. Victor vander Haeghen, archiviste de la ville de Gand, la famille Rymerswaal ou Romerswaal est originaire de la Zélande, province de la Hollande où se trouve l'ancienne petite ville de Reimerswaal ou Romerswaal, mais elle a résidé aussi dans les Pays-Bas du sud.

2. Anselme, *loc. cit.*

en Hollande, où ils avaient été longtemps conservés, que furent retrouvés, vers le milieu du siècle dernier, les originaux des lettres de Calvin à son ancien ami[1].

D'ailleurs, les circonstances politiques s'étaient sensiblement modifiées depuis que Falais avait quitté la Belgique en fugitif : Charles-Quint avait déposé la couronne en 1555 ; la régente, Marguerite de Parme, et le cardinal de Granvelle s'étaient vus contraints de céder, pour un temps, à l'opposition résolue des États ; l'inquisition n'avait pu s'établir, les persécutions religieuses s'étaient ralenties et, dans les provinces du Nord tout au moins, le parti de la réforme, plus nombreux chaque jour, était devenu assez puissant pour que le gouvernement dût compter avec lui. Quelques années encore, et les Provinces-Unies, soulevées contre l'oppression espagnole, engageront la lutte héroïque où elles finiront par conquérir leur indépendance.

Las d'errer de lieu en lieu, entraîné par le désir

---

[1]. Voy. l'Avertissement des *Lettres de Calvin à Jacques de Bourgogne*, Amsterdam, 1744, in-8, et *Calvini Opera*, t. X, prolégomènes.

de se rapprocher de son pays natal après tant d'années d'isolement et d'exil, protégé d'ailleurs par la puissante famille des Brederode [1], entouré des sympathies de la noblesse et de la nation, sinon même assuré du consentement tacite de la régente, Jacques de Bourgogne a donc pu terminer sa carrière en Hollande après l'abdication de Charles-Quint et avant l'arrivée du duc d'Albe. Peut-être quelque document exhumé des archives de ce pays viendra-t-il un jour confirmer nos suppositions; il faut pour le moment se borner aux conjectures.

On a prétendu [2] que Falais avait fini par se détourner de la doctrine des réformés et par renoncer à leur Église. C'est là une affirmation toute gratuite, fondée sur l'interprétation inexacte d'un passage de *la Vie de Calvin* par Nicolas Colladon et judicieusement réfutée, dès le XVIIIe siècle, par l'éditeur des *Lettres* de 1744. Que dit en effet le biographe du réforma-

---

[1]. Yolande était la tante du célèbre Henri de Brederode, chargé en 1566, par la noblesse des Pays-Bas, de remettre à Marguerite de Parme la requête dont le rejet entraîna la guerre des Gueux et l'indépendance des Provinces-Unies.

[2]. Bayle, *Dictionnaire*, art. *Philippe de Bourgogne*, rem. 9.

teur? Simplement que Jacques de Bourgogne et sa femme prirent occasion de l'affaire de Bolsec pour se retirer « de la doctrine de cette église », c'est-à-dire de l'Église de Genève, et Colladon n'a pas prétendu autre chose. Si M. de Falais avait réellement abandonné le protestantisme, c'est en termes d'une autre énergie que l'écrivain genevois eût dénoncé l'apostat. De leur côté, les historiens catholiques auraient-ils négligé de signaler cette victoire et de célébrer le retour de la brebis égarée? Or, les uns gardent au sujet de Jacques de Bourgogne un silence complet, les autres[1] n'en parlent que comme d'un homme mort étranger à la communion romaine.

D'ailleurs, tout ce que nous savons de Jacques de Bourgogne, de la fermeté de son caractère, de la profondeur de son sentiment religieux, doit faire écarter résolument la possibilité d'une telle palinodie. Malgré les désillusions et les injustices, il dut s'attacher à sa foi en raison même de tout ce qu'il avait souffert pour elle, et il est mort comme il avait vécu, fidèle aux croyances pour lesquelles il avait sacrifié son rang, sa fortune et le repos de sa vie.

---

1. Pontus Heuterus, *loc. cit.*

« Ce n'est pas d'ordinaire, a dit un historien [1], sauf d'honorables exceptions, dans les rangs de l'aristocratie qu'il faut chercher les confesseurs de la foi. Les faveurs qu'il faut dédaigner et les richesses qu'il faut perdre sont un sérieux embarras au martyre. » Jacques de Bourgogne constitue précisément l'une de ces exceptions et c'est pourquoi son souvenir mérite de vivre dans la mémoire de ceux que ne laissent pas indifférents le courage moral, la droiture de conscience et l'attachement inébranlable à une grande cause.

---

1. Rodolphe Reuss, *Destruction du protestantisme en Bohême*.

NOTICE BIBLIOGRAPHIQUE

L n'est guère de livre imprimé au XVIe siècle, sur l'exécution duquel on possède autant de détails que sur celle de ce mince volume. La correspondance de Calvin avec Jacques de Bourgogne renferme à cet égard des renseignements précieux et leur intérêt pour l'histoire de l'édition elle-même, comme pour celle de la typographie, mérite de nous arrêter quelques instants.

Voici d'abord la description de l'exemplaire de la bibliothèque de Bessinge :

EXCVSE DE || NOBLE SEIGNEVR || IAQVES DE BOVRGOIGNE, S. || de Fallez & Bredam : pour fe purger vers la || M. Imperiale, des calomnies à luy impofées, || en matiere de fa Foy, dont il rend cōfeffion. *S. l. n. d. [Genève, Jean Girard,* 1548], in-8 de 49 pp. chiffr. et 3 pp. non chiffr. L. r.

Le titre est orné d'un bois représentant les armes de Jacques de Bourgogne, lesquelles se blasonnent comme suit : au 1 et 4, de Bourgogne moderne; au 2, de Bourgogne ancien party de Brabant; au 3, de Bourgogne ancien party de Luxembourg, et sur le tout, de Flandres. L'écu est sommé d'un heaume, timbré d'une chouette au naturel.

Au v° du titre se lit un passage tiré d'Isaïe LIX : « La verité eft deffaillie : & celuy qui s'eft retiré du mal, a efté expofé en proye. » Le texte commence, sans titre de départ, à la p. 3 et se termine à la p. 49. Les pp. [50-51] renferment un avis *aux Lecteurs,* daté du 1er mars 1548, et la p. [52] est blanche.

Ce fut Calvin lui-même qui rédigea le titre du

livre[1] et il fait, au sujet du mot *Excuse*, cette remarque intéressante pour l'histoire de la langue : « Le mot d'Apologie n'est pas usité en français. »

Les armoiries et le passage d'Isaïe furent joints au texte sur la demande de Falais lui-même [2].

Il avait eu tout d'abord l'intention de faire imprimer sa défense à Strasbourg, mais Calvin lui ayant représenté que l'exécution risquait d'être entravée par les difficultés politiques dans lesquelles cette ville se trouvait alors [3], il se décida, sur le conseil du réformateur, à recourir aux presses genevoises [4].

L'imprimeur auquel l'édition fut confiée n'a pas apposé son nom à l'ouvrage, mais il suffit d'en examiner les lettres ornées et les caractères pour y reconnaître ceux de Jean Girard, le typographe ordi-

---

1. *Opera,* t. XII, n° 944.
2. Calvin à Falais *(Opera,* t. XII, n° 937).
3. *Ibid.,* n° 883. — Voy. plus haut, p. 36.
4. *Ibid.,* n° 918.

naire, pendant nombre d'années, de Calvin, de Viret et de Farel [1].

L'édition fut tirée à huit cents exemplaires, dont cent pour l'imprimeur. Calvin en fit parvenir directement une cinquantaine à diverses personnes, entre autres à Renée de France, duchesse de Ferrare, et en expédia quatre cents à Falais, alors à Bâle; le solde fut laissé à Genève [2]. Les frais de l'impression s'élevèrent à sept écus, soit, en tenant compte de la valeur de l'argent au XVIe siècle, à environ trois cents francs de notre monnaie actuelle [3].

Les armoiries qui ornent le titre furent faites « en plomb », c'est-à-dire gravées, sans doute, sur métal d'imprimerie; ce qui explique l'aspect terne et usé

---

1. Sur Jean Girard et son matériel typographique, voy. nos *Arrêts du Conseil de Genève sur le fait de l'imprimerie et de la librairie,* de 1541 à 1550, Genève, 1893, in-8, pp. 19 et suiv.

2. Calvin à Falais, 24 janv. 1548 *(Opera,* t. XII, n° 991).

3. L'*Excuse* renfermant 52 pages, la feuille d'impression de 16 pages, petit in-8, reviendrait à une centaine de francs, c'est-à-dire à un prix presque double de ce qu'il est aujourd'hui.

de l'épreuve, malgré le chiffre assez restreint du tirage. Le graveur reçut trois florins de Savoie « c'est-à-dire testons », soit à peu près trente francs. Une première planche, exécutée très probablement sur bois, n'avait pas rencontré l'approbation de Calvin qui, trouvant les dimensions mal adaptées au format du volume, fit recommencer le travail [1].

Mais ce qu'il importe surtout de remarquer, c'est que l'édition ne parut pas d'abord telle exactement que nous la connaissons d'après l'exemplaire de Bessinge. Une lettre adressée par Falais [2], le 29 janvier 1548, au Sénat de Strasbourg, nous apprend en effet que le volume avait été primitivement publié sous la rubrique de cette ville et au nom de l'imprimeur Wendelin Rihel, ce dont le Sénat avait témoigné son mécontentement. Ces indications devaient se trouver sur le titre et au dernier feuillet, puisque Falais, dans sa lettre, offre de remplacer

---

1. Calvin à Falais (*Opera*, t. XII, nos 967 et 991).
2. *Calvini Opera*, n° 993.

l'un et l'autre. Avant de faire paraître son livre sous le nom de Strasbourg, il avait eu soin toutefois de consulter Bucer et de le prier d'obtenir l'agrément des magistrats. La réponse dut être d'abord telle que Falais pouvait la désirer, puisque celui-ci, après avoir offert lui-même au Sénat un exemplaire de l'*Excuse*, n'hésita pas à se couvrir auprès de lui de la réponse de Bucer, mais il est probable que les conséquences de la bataille de Mühlberg et le triomphe de Charles-Quint, en contraignant les Strasbourgeois à redoubler de prudence, les avaient engagés à changer d'avis au moment de l'apparition du volume.

En tout cas, l'imprimeur sous le nom duquel l'édition était publiée avait certainement donné son assentiment à cette mesure, puisque à l'occasion du solde laissé à Genève, Calvin écrivait à Falais : « Du reste, nous adviserons. Car même il est expédient qu'il en sorte de la main de Wendelin afin de prévenir les calomnies[1]. » Le réformateur avait donc l'in-

---

[1]. *Opera*, t. XII, n° 979 (23 décembre 1547).

tention de faire parvenir à Rihel un certain nombre d'exemplaires, afin de légitimer ainsi la rubrique du titre.

Il est permis de supposer également que le volume primitif, bien qu'imprimé à la fin de 1547, portait la date de 1546; on ne peut guère en effet expliquer autrement ce passage de la lettre de Falais aux magistrats de Strasbourg : « Je ne vois pas en quoi mon écrit assez modéré peut faire tort au nom de votre ville, alors qu'il *paraît publié*[1] il y a près de deux ans, à une époque où elle n'était l'objet d'aucune animosité, et dans le temps que je me trouvais parmi vous. »

D'autre part, l'exemplaire de la bibliothèque de Bessinge ne présente aucune souscription et n'offre d'autre date que celle de l'avis *aux Lecteurs*, 1er mars 1548, postérieure de deux mois à l'achèvement de l'impression de l'ouvrage.

Il est donc certain qu'une partie tout au moins

---

1. « ... quum ante annos pæne duos editum videatur. »

des exemplaires a subi après coup des changements assez notables, et voici ce qui a dû se passer : Voulant dater sa défense de l'époque du procès de Malines, M. de Falais, qui se croyait assuré de l'assentiment des autorités de Strasbourg, publia d'abord l'*Excuse,* sous cette rubrique et avec l'indication de l'année 1546. Dans cette forme primitive, le volume ne contenait pas l'avis *aux Lecteurs,* daté de 1548. Mais, devant les réclamations inattendues des magistrats de Strasbourg, Falais dut faire disparaître du titre de son livre le nom de cette ville ; le but qu'il s'était proposé ne pouvant dès lors plus être atteint, il se décida à supprimer aussi l'indication antidatée de 1546 et à joindre au texte de sa défense l'avis du 1er mars 1548, destiné à expliquer les causes du retard apporté dans la publication.

Si l'on ne trouve, dans la correspondance de Calvin, aucune allusion aux plaintes des Strasbourgeois, c'est que celui-ci se trouvait à Bâle précisément à cette époque[1]. Falais eut donc l'occasion de traiter verba-

---

1. Soit dans le courant de février ; v. plus haut, p. XXXVII.

lement la question avec lui. C'est à Bâle que l'avis *aux Lecteurs* dut être rédigé et le réformateur put, dès son retour, faire exécuter les changements adoptés pour les exemplaires demeurés à Genève.

EXCVSE DE
NOBLE SEIGNEVR
IAQVES DE BOVRGOIGNE, S. de Fallez & Bredam: pour se purger vers la M. Imperiale, des calomnies à luy imposées, en matiere de sa Foy, dont il rend cófession.

IESA. LIX.

La verité eſt deffaillie : & celuy qui
ſ'eſt retiré du mal, a eſté ex-
poſé en proye.

IRE, fi i'auoye à choifir, ie aymeroye bien mieux m'employer à vous faire quelque feruice, qui vous fuft agreable, que de vous occuper à ouyr mes excufes, pour me purger vers voftre maiefté du blafme qui m'a efté impofé à tort, pour me mettre en voftre indignacion. Combien qu'il n'y a pas vn blafme feul : mais les maluueillans, à ce que i'entens, m'ont chargé de toutes calomnies dont ilz fe font peu aduifer. Or puifqu'il leur eft licite de mefdire de moy fans caufe : c'eft bien raifon, pour le moins, qu'il me foit donné lieu de defendre mon innocence. D'eftre accufé, c'eft vne chofe commune aux bons & aux mauuais : parquoy d'affoir iugement là deffus, fans ouyr partie, & eftre bien informé de tout le fait : ce feroit vne procedure trop inique : & de telle confequence, qu'il n'y auroit homme au monde, qui ne fuft incontinent condamné : veu qu'il ne s'en trouuera nul fi iufte, auquel defaille accufateur. Or voftre prudence donques, & equité, Sire, me donne bonne confiance, que quand ie fupplieray voftre maiefté de me pardonner, fi ie la fafche, eftant contreint par l'importunité de mes ennemiz : & de me donner

audience en ma bonne cauſe, que ie ne ſeray refuſé en vne requeſte tant raiſonnable.

Il eſt vray, qu'il ne m'aduient rien maintenant, que n'ayent experimenté tous les ſeruiteurs de Dieu par cy deuant. Et ſans aller plus loing, ç'a eſté depuis que l'Euangile a eſté reuelé au monde, la condition generale quaſi de tous les Chreſtiens, d'eſtre ſubietz à beaucoup de calomnies. Ie laiſſe à dire les crimes enormes qu'on leur a impoſé, pour les diffamer, & emflamber contre eux la haine des princes, & de tout le monde : car le propos ſeroit trop long à deſduire : & les hiſtoires en ſont aſſez cogneues. Tant y a que Sathan n'a pas moins perſecuté la Chreſtienté de menſonges, inuentant telles fauſſes diffamations : que par cruauté & violences. Que ſi le temps paſſé l'impudence des iniques s'eſt desbordée à mētir contre les ſeruiteurs de Dieu : c'eſt auiourdhuy plus que iamais. Ie n'entens pas des Payens, qui ſont ennemiz ouuertz de l'Egliſe, & de la Foy Chreſtienne : mais de ceux meſmes qui font profeſſion d'icelle. Ce qui n'eſt pas nouueau non plus : car comme les Prophetes & Apoſtres n'ont ſenty nulles langues plus venimeuſes, que des hypocrites de leur propre nation, qui en ſe glorifiant d'eſtre du peuple de Dieu,

ne

EXCVSE. 5

ne pouoyent souffrir la vraye doctrine, par laquelle leurs vices estoyēt redarguez : aussi maintenant il n'y a nulz plus enragez à mesdire des vrays Chrestiēs, que ceux qui en faisant semblāt d'adherer à l'Eglise, veulent maintenir tous les abus qui sōt manifestemēt repugnās à la parolle de Dieu : & par ce moyen ne peuuent ouyr parler d'aucune reformation. Incontinent donc qu'ilz voyent quelque homme de bon zele, qui desire que les choses se reduisent en meilleur estat : il est degradé par eux, plus que s'il auoit commis cent crimes mortelz. Et cōme i'ay dit ilz n'ont nulle honte de controuuer toutes sortes de blasmes, où il n'y a nulle couleur n'apparence, moyennant qu'ilz puissent opprimer l'innocent. I'en pourroye alleguer beaucoup d'exemples, qui ne sont que trop communs. Mais quand il plaira à vostre maiesté, Sire, d'entendre bien ma cause à la verité : vous en aurez vn exemple en moy, qui vous suffira pour tous.

Quant à moy, c'est bien raison que ie prenne en patience si i'endure le semblable qu'ont enduré les Prophetes & Apostres. Car ie ne dois pas demander meilleure condicion, que celle qu'ilz ont eue. Mais encor ma principale consolacion est, que le filz de Dieu nostre re-

A 3

dempteur & souuerain maistre, me precede
au mesme chemin. Ie seroye par trop delicat,
si ie refusoye d'estre en sa suite. I'oy ce qui m'est
dit par l'Apostre, qu'il nous conuient cheminer par bonne renommée, & infamie. Ie voy
l'exemple de Moyse qui m'est proposé, de ne
point auoir en horreur l'opprobre du peuple
de Dieu : sur tout i'oy l'exhortatiō qui nous est
faicte, de sortir, pour accompagner nostre ca-
pitaine à l'ignominie de la croix. Ie considere
d'autre costé la recompense qui nous est pro-
mise, que si nous sommes aneantis auec luy,
c'est pour estre exaltez au Royaume de Dieu
son pere, quand le temps sera venu. Ie ne dois
pas donc trouuer estrange d'estre humilié deuant les hommes, voire du tout abatu quand
mestier sera : ayant si bon & ample reconfort
pour me contenter, que cela m'est reputé à
honneur deuant Dieu & ses Anges. Et de fait
ie loue mon Dieu, que ie n'ay pas si mal proffi-
té en sa parolle, que ie ne gouste ceste sentence,
laquelle nous a prononcé son filz : que nous
sommes bienheureux quand on detracte de
nous faussement à cause de luy. Parquoy i'ac-
quiesce volentiers à l'ordonāce de Dieu, & ne
demāde point d'estre priuilegié plus que ceux,
desquelz ie ne suis pas digne de suiure les pas.

Mais

EXCVSE.

Mais quand il plaira à voſtre maieſté, d'ouir les raiſons qui m'ont contreinct à vous faire l'excuſe preſente, ie croy que vous aurez occaſion d'approuuer la ſolicitude que i'ay, que mon innocence vous ſoit cogneue. Premierement ſi ie ſens que vous ſoyez offenſé contré moy, Sire, ie ſuis tenu, entant qu'en moy eſt, de vous rendre raiſon de tout ce qui me ſera impoſé. Car outre ce que i'y ſuis obligé par le deuoir de nature, entant que ie ſuis voſtre treshumble ſubiect dés ma naiſſance : la faueur & humanité qu'il vous a pleu monſtrer m'acceptant dés mon enfance en voſtre court, & la bonne affection que m'y auez portée, augmente encor ceſte obligacion. Croyez donc, Sire, que mon intencion eſt de mettre peine, que voſtre dicte maieſté ſe tienne cõtente de moy s'il m'eſt poſſible, afin de m'acquitter enuers icelle, ſelon que ie dois par le commandement de Dieu : & auſſi que mon cœur y tend aſſez de ſoymeſmes ſans contreincte. Car combien que ie ne me ſente en rien coulpable, ſi ne m'eſt-ce pas vn petit regret, que d'eſtre alienè de voſtre bonne grace : non pour autre choſe, ſinon que ſur tout mon deſir ſeroit de vous complaire, quand il ſeroit en ma faculté.

Il y a vne autre raiſon, Sire, laquelle ne me

permet point de diffimuler. C'eſt qu'il nous eſt
commandé de fermer la bouche aux meſdi- *calomn*
fans, en procurant le bien non feulement deuant Dieu, mais auſſi deuant les hommes.
Vray eſt que cela fe doit faire par bonne vie &
irreprehenſible, c'eſt de nous porter tellement,
que ceux qui cerchent occaſion de mal parler : n'en trouuent point en toutes noz œuures.
Mais quand nous auons tafché de viure fans
reproche, s'il y en a de fi impudens qui nous diffament à tort, il eſt quelquefois bon de les reprimer en maintenant noſtre bon droit : afin
que le nom de Dieu ne foit point blafphemé
en nous. Ie ne dis pas que pour garder fimplement noſtre bonne reputation, il nous foit
loiſible de nous oppofer aux calomniateurs. Mais quand nous voyons que les blaf-
mes qu'ilz nous mettent fus, atouchent & blef-
fent l'honneur de Dieu, il n'eſt pas queſtion de
nous taire : mais deuons conſtamment refifter
entant que l'opportunité nous fera donnée. Mefme il y a vne autre mauuaife confe-
quēce, qui s'enfuiuroit de noſtre diſſimulacion en ceſt endroit. C'eſt que beaucoup de gens
de bien pourroyent eſtre troublez à noſtre occafion, & par ce moyen fouruoyez du droit
chemin. Or il n'y a rien qui nous foit tāt recō-
mandé

mandé, que d'empefcher tous fcandales. Tellement qu'il me feroit imputé à cruauté deuant Dieu, fi par faute de remonftrer mon innocence, il y en auoit aucuns fcandalifez de ce qui me feroit mis fus iniuftement.

La derniere raifon eft, de reprimer l'audace de telz calomniateurs : afin qu'ilz n'entreprennent pas d'en faire autant à d'autres, comme ilz ont acouftumé d'eftre d'autant plus hardis, qu'on les fupporte patiemment. Si ce n'eftoit que pour moy, il me faudroit tenir quoy, tafchant de veincre le mal en douceur & benignité: & à l'exēple de noftre Seigneur Iefus, felō que le Prophete Efaie le propofe, fermer noftre bouche. Mais quand ie cognois que ma patience porteroit dommage à mes prochains : ie dois preuenir ce dangier de tout mon pouuoir, & non feulement pour le temps prefent, mais auffi pour l'aduenir. Car les menfonges ont cela, que fi on les laiffe couler, ilz prennent vigueur : fi on les rembarre, ilz tombent bas. Non pas que ie me prife tant, que i'appete d'auoir tefmoignage louable apres ma mort, cōme vn memorial de moy au monde. Pleuft à Dieu que defia mon nom fuft enfeuely quant aux hommes, & que celuy fuft magnifié comme il appartient, lequel feul merite d'eftre renō-

B

mé. Mon but eſt, que par ma faute il n'y ait
point vn mauuais exemple introduict en ma
perſonne, qui nuiſe cy apres aux bons : qu'on
voudroit accuſer faulſemēt, comme s'il eſtoit
licite de meſdire de tous ceux qui ſont patiens
à porter les iniures. Que ſi ie n'eſtoye contreint en ma conſcience pour l'honneur de
Dieu, & pour la defence de ſa parolle, pour ſatisfaire au deuoir que i'ay à voſtre maieſté, pour
euiter le ſcandale qui en pourroit aduenir, &
pour reſtreindre l'inſolence de ceux qui ne
ſont que trop hardis à detracter ſur les
bons : ie vous aſſeure, Sire, que ie n'aymeroye
rien plus, que de recommander mon innocence à Dieu, lequel eſt protecteur des iuſtes cauſes, me contentant du teſmoignage de ma conſcience, ſans importuner voſtre maieſté. Mais
d'autant qu'il me ſemble que i'ay monſtré par
argumens ſuffiſans, que ie ne puis diſſimuler
ſans offence, encor que ie le vouſiſſe faire : i'e-
ſpere que voſtre maieſté ne me deniera point
audience fauorable pour iuger du faict, apres
en auoir bien & deuement cogneu. Qui plus
eſt, il n'eſt pas expedient pour vous, Sire, qu'on
laiſſe paſſer ſans dire mot, que vous ſoyez mal
informé par des gens qui abuferont de l'accés
qu'ilz auront à voſtre maieſté, ſans qu'icelle
en

EXCVSE.

en soit aduertie : & que remonstrances luy en soyent faites en temps & en lieu.

Or pour venir à la cause que i'ay à demener par deuant vous, Sire, ie suis accusé d'auoir tenu mauuaise secte & contraire à la foy catholique : & pour cela m'estre party du pais, creignant la punicion de mon offence. Mais deuant que d'entrer au poinct principal : i'ay à respondre à quelques calomnies, qu'on a semé de moy pour me rendre odieux, non pas tant à vous, Sire, qui estes, comme ie croy, aucunement aduerty du contraire : qu'à toutes gens de biē qui n'ont pas telle cognoissance de moy, de ma vie passée, & mō estat. Tant y a neātmoins, que cela se porte auec couleur, comme si vostre maiesté mesme en auoit telle opinion. Et sont personnaiges, ausquelz il conuient mal pour le lieu qu'ilz tiennent : & ne say pourquoy ilz me haissent, sinon qu'ilz veulent accomplir en moy ce qui est escrit : Ilz m'ont eu en haine sans cause. Le premier blasme dont ilz me chargent est tant friuole, que s'ilz ne l'affermoyent auec telle authorité, ie n'en daigneroye faire mencion. Mais quoy? si ie m'en tais, il semblera qu'il en soit quelque chose. Ilz sement vn bruit, qu'ayant dissipé mon bien, en sorte que ie n'auoye plus dequoy entretenir mon eſtat : i'ay eſté contreinct de tout laiſſer, comme par retraicte honteuſe, & abandonner le païs, & que ce n'a pas eſté pour le faict de la religion Chreſtienne. S'ilz parloyent ainſi ſur le lieu, il ne faudroit ia que i'ouuriſſe la bouche pour redarguer leur impudence. Mais en eſtant loing, ilz ſe donnent congé de forger telles calomnies, pour me faire deſcrier deuant qu'on ait loiſir de ſauoir la verité. Or loué ſoit Dieu, ie ne ſuys pas vn tel gouffre, que mon bien ne fuſt aſſez ſuffiſant pour me nourrir : & ne ſuis pas ſi exceſſif en pōpes ſuperflues, qu'il n'y euſt dequoy pour y ſatisfaire. Quand ainſi feroit que i'euſſe tenu eſtat pardeſſus ma faculté, il n'eſt pas à preſumer que ſans autre contreinte, i'euſſe mieux aymé quitter tout, que d'abaiſſer vn petit mon train. Au moins encores le cas poſé, que i'y fuſſe ainſi allé à la deſeſperée, i'euſſe vendu tout ce qui m'en reſtoit, pour m'en ſeruir ailleurs. Quelle fineſſe ſeroit-ce, qu'vn homme quittaſt ſon païs par deſpit, ou par honte qu'il ne peut maintenir ſon eſtat, & ce pendant laiſſaſt bonne quantité de biens, dont puis apres il euſt faute ? Et qu'ainſi ſoit que i'aye laiſſé du bien ſuffiſant pour entretenir vne bonne maiſon, ceux qui ont faict vers voſtre maieſté pourſuitte pour l'auoir, en rendent

dent assez tesmoignage. Et quant aux charges qu'on pourroit obiecter estre dessus, elles n'estoyent si confuses, que ie n'y eusse peu facilement remedier, ne fust l'empeschement de mon absence. D'auantage, i'ay vn bon tesmoing en vous, Sire, qu'en cest endroit mes ennemiz me diffament sans nulle apparence. Car s'il n'eust tenu qu'à cela, il m'estoit licite de viure honnorablement, & auec plus grande sumptuosité, mesme en vostre court, que ma nature n'appete. Car ie ne suis pas sorty d'vne maison affamée : & n'ay pas si mal gouuerné le bien qui m'a esté laissé par mes predecesseurs, qu'il ne me restast autre remede de couurir ma honte, qu'vne fuitte ignominieuse. Qui plus est, Sire, vous sauez qu'estant proueu par vostre maiesté d'vn estat qui n'est pas de petite importance, ie l'ay franchement & liberalement resigné, priant d'en estre deschargé : non pas qu'il me faschast de m'employer à vostre seruice, auquel ie ne laissoye pas d'estre pourtant ; mais à cause que ie ne m'en pouoye pas bonnement acquitter, comme i'eusse desiré. Cela n'est pas signe d'vn homme, qui n'ait dequoy fournir à sa despense. Mais ce seroit simplesse à moy de plus insister sur ce poinct, lequel il n'estoit pas fort necessaire de toucher enuers voſtre maieſté : ſinon pour l'aduertir, combien elle doit adiouſter de foy à ceux qui vſent de calomnies tant manifeſtes, ſans auoir regard à rien, qu'à me diffamer ſans raiſon.

On a auſſi fait voler vn autre bruit de moy, lequel eſt ſorty d'vne meſme fontaine : c'eſt que i'ay adheré, ou porté faueur à la ſecte des Anabaptiſtes. Ie me deporte de nommer les aucteurs, pource qu'il me fait mal qu'ilz ſe deshonnorent ainſi : donnans occaſion aux gens de bien, de ne donner gueres de credit pour l'aduenir à tout ce qu'ilz diront. C'eſt vne ruſe trop commune, & dont les oreilles des princes doyuent eſtre de longtemps ſi batues, qu'il n'y eſt point requis longue reſponſe : d'appeller Anabaptiſtes ceux, qui ne conſentent point aux abuz communs : mais deſirent quelque bonne reformacion. C'eſt merueilles, que tout ce qui ſe dit de nous, eſt promptement receu, encore qu'il n'ait nulle couleur de verité, ſi nous n'y reſpondons. Car ſi ie comprens toute ma defenſe en vn mot, qu'ilz me font grand tort, m'impoſant ce à quoy ie ne penſay iamais : la cauſe ſera bientoſt vuydée. De tout droit & equité, c'eſt à eux à prouuer leur dire : & n'y a rien ſi commun, que toute accuſation defaillante en preuue, doit eſtre tenue

pour

pour calomnie. Or quel figne allegueront ilz contre moy de cela, qui emporte feulement la moindre coniecture du monde? Ie ne les en crains point. Toutesfois, puis qu'il plaift à Dieu, qu'ilz ayent ceft auantage fur moy, que ilz foyent creuz à leur fimple dire : fi ie ne monftre le contraire, au moins que ie foye receu à cefte condicion.

Premierement donques ie dy, que onques ne fortit parolle de ma bouche qui en donnaft foufpeçon aucune. Et de fait, i'entens que c'eft vne chofe tant lourde & abfurde que leurs refueries, qu'il n'y a nulz qui s'y abufent, que gens ignorans. Or Dieu m'a fait la grace d'auoir aucunement goufté les lettres : tellement que ie puis voir & lire, comme i'y ay toufiours prins plaifir, & m'y fuis exercé depuis mon enfance. Cela mefme a efté caufe que i'ay eu communication auec gens de fauoir. Ainfi la porte eftoit fermée aux Anabaptiftes, tellement qu'ilz n'auoyent point d'accés à moy : encore qu'ilz y euffent afpiré. D'auantage i'ay toufiours eu leur fecte en horreur : & quand il en a efté parlé, i'ay bien monftré que i'en fentoye. Ie puis nommer beaucoup de tefmoings dignes de foy, qui ont efté prefens, quand le propos en a efté efmeu en ma prefence, ou que moymefme en ay parlé, fi l'occafion s'y adonnoit, qui ont ouy & entendu, combien i'eftoye loing de fauorizer à nul de leurs erreurs. Mefme pource que i'entendoye, qu'ilz ont grand aftuce de fe infinuer enuers les fimples & idiotz : i'ay toufiours eu l'œil fur ma famille, de peur que cefte pefte n'y entraft, pour infecter ma maifon. Car telle opinion en auoye ie. Qu'on demande aux Anabaptiftes, s'ilz m'auoueront eftre de leur fequele. Ie ne doute pas qu'ilz ne fuffent bien ayfes de s'en pouoir vanter : mais ilz n'ont garde de fe contenter de moy. Ie ne fay fi ceux qui me preftent ce nom, leur euffent refifté comme i'ay fait, quand ilz euffent efté en mon lieu. D'auftre cofté, i'ay toufiours eu communication & amitié auec ceux qui eftoyēt ennemiz de cefte fecte : & me fuis gouuerné en forte, que tant les Anabaptiftes, que ceux qui leur font contraires, euffent du premier coup apperceu ce que ie dy : & toutesfois ie ne regardoye pas à euiter cefte reproche. Car iamais ie ne m'en fuffe douté, mais i'en faifoye fimplement comme ma confcience le portoit.

Au refte, il m'eft aduis que c'eft quafi temps perdu, de m'arrefter plus à cefte matiere. Car ceux qui m'impofent ce crime, fauent bien que i'en fuis pur : & cependant que leur

bou-

bouche me condamne, leur conscience m'abfout. Ilz n'ont nulle couuerture, ne grande ne petite, pour colorer leur calomnie. Et puis c'est vne vieille chanson, & trop vulgaire, d'appeller Anabaptistes tous ceux qui desirent que les corruptions, qui sont auiourdhuy en la Chrestienté, soyent corrigées. Comme ainsi soit, qu'il n'y en ait nulz moins approchans de ceste secte. Parquoy il me suffira, Sire, d'auoir en brief monstré à vostre maiesté, qu'aussi bien en cest article on a cerché de me diffamer sans qu'il y eust dequoy. Dont elle pourra voir, combien il est necessaire d'enquerir deuement sur le reste dont on me charge, pour en iuger equitablement & en verité.

Ces deux calomnies vuydées, je viens au poinct principal, Sire, à l'occasion duquel i'entens qu'on m'a mis en l'indignacion de vostre maiesté. Or pour plus facile deduction : ie le distingueray en trois parties. La premiere, quant à la vie que i'ay menée, estant au pays. La seconde sera, de la cause & maniere de mon partement, & des lieux de ma retraicte. La troisiesme, de la foy que i'ay tenue, & en laquelle je perseuere maintenant par la grace de Dieu.

Quand vous ferez bonne inquisition sur ma vie, Sire, il ne se trouuera pas, que ius-

ques icy ie ne vous aye toufiours efté bon &
loyal fubiect. le puis protefter deuant Dieu,
que ie l'ay efté d'affection pure & droite. Quant
aux hommes, les œuures en rendent tefmoignage. Iamais n'y eft venu trouble de moy. Iamais vous n'auez efté fafché, Sire, d'aucune
querele à mon occafion : mais ay vefcu paifiblement en voftre obeiffance. Et encore à prefent, nonobftant qu'on m'ait aucunement mis
hors de voftre bonne grace : fi ne laiffe ie pas de
porter affection telle à voftre maiefté, que Dieu
le me commande. Mefme la plus grand triftef-
fe & regret que i'aye, c'eft que vous ne cognoif-
fez mon cœur, & la verité du fait, qui vous
pourroit contenter, comme i'efpere.

Au refte, fi en vous rendant le deuoir de
vn bon & humble fubiect, i'ay eu en recom-
mandacion de feruir à Dieu felon la cognoif-
fance qu'il m'auoit donnée : ie croy que cela
ne me fera pas imputé à crime enuers voftre
maiefté. Attendu mefme, que combien qu'en
ma confcience i'eftoye contreint de condamner beaucoup d'abuz, qui regnent auiourdhuy en l'Eglife, & que par ce moyen ie ne m'y
peuffe accorder : toutesfois ie n'ay rien attenté
contre voz commandemens & defenfes, mais
me fuis tellement porté, qu'il n'y eft forty nul
fcan-

scandale de moy, ne mauuais exemple.

Il y a vn seul poinct qu'on me reproche, que i'auoye fait venir quelque prescheur : & que ie le fis conduire. Enquoy, certes, on me charge à tort. Car iamais il ne vint à ma sollicitation ny adueu : & ne se trouuera pas, qu'il ait eu conduite de moy. Si ie l'auoye fait : ie regarderoye comment, & par quelles raisons ie m'en deuroye excuser vers vostre maiesté. Mais ie puis testifier deuant Dieu, que le fait n'est pas tel qu'on dit : & quand on voudra enquerir de la verité iusques au bout, i'en seray d'autant plus iustifié. En somme, i'ay tellement vescu, pendant que ie demouroye au pays, que ie ne seray pas accusé de rebellion, ne desloyauté enuers vous, Sire, ny de lascheté enuers aucun, ou de crime quel qu'il soit. Qui plus est, du temps que i'estoye encore de vostre maison, vous auez iugé que ma vie estoit plus conuenable à vn homme retiré en vn cloistre par deuocion qu'à vn homme fuyuant la court. Tant s'en faut que i'aye esté adonné à vne façon de viure deshonneste, ou entachée de quelque crime digne de reprehension. Si en l'obseruation des ceremonies, & aux façons de faire, qui sont auiourdhuy communes en la Chrestienté, plustost par abus, que par vray vsage, ie n'ay conten-

C 2

té tout le monde : ce n'eſt pas à dire, que ſur cela on doyue aſſoir iugement, ſans ſauoir pourquoy. Si eſt ce que ie n'ay rien attenté pour changer ne troubler l'ordre qui eſtoit receu & obſerué au lieu : mais paiſiblement, & ſans bruit, i'ay taſché de tellement ſatisfaire à ma conſcience, que la police ne fuſt en rien bleſſée. Quant à ma Foy que ie tenoye, ie reſerue d'en dire cy apres en ſon lieu. Ainſi pour tout ce temps là, ie ne penſe point auoir donné occaſion à nul de reproche ne querele.

La ſeconde accuſation qui ſe fait contre moy, eſt de mon partement : laquelle ie ne puis purger ſans ramenteuoir à voſtre maieſté, Sire, ce qui ne luy a pas eſté incogneu : & raconter le reſte, qui n'eſt pas venu iuſques à la cognoiſſance d'icelle. Eſtant en volenté de me marier, combien que ie me deliberoye de prendre femme de la maiſon de Brederode (laquelle eſt auſſi ſubiette de voſtre maieſté) & par ce moyen ne rien faire qui vous vint à deſplaiſir : toutesfois deuant que rien conclure, ie vous en demanday congé, ne voulant rien entreprendre que ie ne fuſſe auparauant certain, vous eſtre agreable. Le mariage accomply, ie croy que voſtre maieſté n'aura pas trouué eſtrange, que i'aye fait reſidence pour quelque

que teps au lieu ou i'eſtoye allié, attēdu meſme l'indiſpoſitiō de ma ſāté. Car i'eſtoye pour lors cōtinuellement maladif. D'auantage, i'eſtoye au lieu ou vous m'auiez permis de prendre femme, aſauoir aupres de monſieur le conte Guillaume de Nuenar oncle de ma femme : lequel outre ce qu'il eſt ſubiect de voſtre maieſté imperiale, s'eſt touſiours monſtré fidele ſeruiteur d'icelle. Combien que ie ne m'arreſtoye pas là : mais alloye & venoye ſelon que ma commodité le portoit, & que les affaires de noſtre maiſon le requeroyent, pour l'accord & appointement de mes freres & de moy : dont meſmes il pleut à la maieſté de la Royne voſtre ſœur, & à ceux de voſtre conſeil s'en meſler tellement, que ie laiſſay toutes choſes en bonne cōcorde & tranquillité, ayant plus de regard à euiter procez & differens, qu'à cercher mon ſingulier proffit : neantmoins cependant me retiroye pour la plus part en ma maiſon de Fallez, ou i'habitoye plus volentiers qu'en lieu emprunté. Et de fait, ie n'euſſe iamais choiſy autre demeure que ſur mon bien, s'il m'euſt eſté permis d'y viure à repos. Vray eſt qu'on prenoit occaſion de me faſcher & moleſter ſur ma façon de viure : mais ce n'eſtoit pas qu'elle fuſt meſchante ou vitieuſe. Seulement pour ce que ie m'abstenoye de communiquer aux superstitions qu'on estime ceremonies de l'Eglise, lesquelles ie sauoye estre repugnantes à la parolle de Dieu : il y auoit tout plein de bruit, que ie tenoye vne secte à part : &, comme il en aduient coustumierement, les vns presumoyent que ie cachoye beaucoup plus en mon cœur, que ie n'en faisoye le semblant : les autres adioustoyent beaucoup plus qu'il n'y en auoit. Estant en ceste perplexité, que i'eusse esté contreint d'offenser Dieu pour complaire aux hommes : ie n'auoye rien plus expedient, que de m'oster vn petit de deuant les yeux de ceux qui ne se pouoyent tenir de murmurer contre moy. Qui plus est, i'auoye de mes parens, qui me molestoyent auec vne telle violence, que ie n'estoye point en seureté voire chez moy de nuict, si ie n'eusse volu tenir bon par force. Or i'eusse beaucoup mieux aymé mourir, que d'auoir monstré apparence d'emotion, la moindre qu'on sauroit dire.

Objection I'entens bien la replique qui se peut icy faire, qu'il n'est pas vray semblable, que ie fusse ainsi persecuté sans cause, voire des miens propres. Secondement qu'en ce cas ie deuoye plustost auoir recours à vostre maiesté, Sire, que d'abandonner le pays. Ie respons, que toute la cause estoit, d'autant que i'aymoye plustost

obeir

obeir à Dieu, que de m'accōmoder au plaifir &
fantafie des hōmes. Le remede eſtoit de me retirer à voſtre maieſté, ſi i'euſſe eſperé y auoir audience. Mais il m'eſtoit facile de preſumer, que
ceux là meſme qui me tormentoyēt en la maiſon, vous auoyent tellement abbreuué de mauuais rappors : que iamais vous n'euſſiez eu la
patience de m'eſcouter, eſtant preoccupé de
l'opinion qu'ilz vous auoyent perſuadée.

 Ioinct auſſi que i'entendoye bien, qu'il n'y a-
uoit pas grande eſperance de trouuer nulle
equité enuers ceux, auſquelz vous auez
accouſtumé de remettre la cognoiſſance de
telles cauſes. Car ſans enquerir plus outre,
ils tiendront incontinent pour condamnez
ceux qui ne s'accordent point à leur phantaſie : comme ilz le monſtrent aſſez ſans diſſimuler. Tellement que la raiſon n'y a point de lieu.
Ie vous ſupplie, Sire, me pardonner, ſi ie vous
declare ſimplement la verité de mon faict,
ſans rien deſguiſer par ſimulacion. Et ie croy
que voyant de quelle affection i'y procede,
vous n'en ferez point offenſé contre moy. C'eſt
bien raiſon que chaſcun chemine ſelon la me-
ſure de la cognoiſſance, qui luy eſt donnée de
Dieu. Tellement que tant plus que nous co-
gnoiſſons le bien & le mal : tant moins y a il

d'excufe, fi nous ne fuyuons l'vn, & fuyons l'autre. Quand i'allegueray que i'auoye efté aduerty par la parolle de Dieu, qu'en la forme qu'on tient auiourdhuy à feruir à Dieu, & qu'on enfeigne eftre bonne & fainéte, il y a beaucoup à redire : tellement qu'en me conformant à icelle, i'euffe offenfé mortellement mon Dieu au lieu de le feruir : ie fupplie derechef voftre maiefté, que cela ne me foit pas imputé à outrecuidance. Ce n'eft pas que ie voye plus clair que les autres, que i'aye l'efprit plus aigu, que ie les furmonte en prudence, que i'aye efté plus aduifé pour confyderer le tout. Ie ne m'attribue rien de tout cela. Pluftoft ie recognois & confeffe mon imbecillité eftre telle, que ie n'y fuffe iamais paruenu de mon efprit naturel, ne de mon fens acquis. Mais il a pleu à mon Dieu par fa bonté infinie, me monftrer le chemin que i'auoye ignoré, non pas pour faire du grād docteur : mais pour le fuyure en humilité. Ainfi, ce que les autres font par bon zele en ignorance, ce feroit rebellion à moy de le faire, depuis que i'ay cogneu la volenté de Dieu. Le tout gift en vn poinét, Sire. C'eft que Dieu veut eftre féruy felon fa parolle, nous defendant de ne rien attenter de noftre tefte, ne d'adioufter à ce qu'il nous demande, quant à la reigle & façon

çon de le bien feruir. Or eft-il ainfi, que le ferui-
ce de Dieu, qui eft auiourdhuy en vfage commun, a efté pour la plus part, inuenté des hommes fans aucune approbation de Dieu. Qui
plus eft, il y a beaucoup de chofes pleinement
repugnantes à ce qui nous eft commandé en
l'Efcriture faincte. Et ce qui a quelque fondement en icelle, eft fi transfiguré, qu'à grand peine y recognoit on nulle fimilitude. Ie prote-
fte, que quand il m'euft efté permis de feruir
Dieu purement, felon fes commandemens, &
m'abftenir des fuperfticions qu'il reprouue,
fans faire efmeute, ne fcandale : mais en gouuer-
nant paifiblement ma famille en fa crainte &
fubiection, m'acquittant auffi cependant enuers voftre maiefté de l'office d'vn bon fubiect :
que i'euffe reputé cela pour vn bien fingulier,
& n'euffe rien plus defiré que d'habiter au pais.
Et le tout deuement enquis, ie ne crains pas
que cefte proteftation ne fe trouue vraye. En
faute de cela, i'euffe auffi reputé à vn bien fingulier, que voftre maiefté m'euft octroyé audience, pour luy remonftrer comme la chofe al-
loit. Mais pource que i'entēdoye bien, comme
i'ay defia dit, que ceux qui me perfecutoyēt en
ma maifon, n'auoyent pas failly de vous ani-
mer contre moy : i'aymoye mieux me deppor-

D

ter de toute excufe, en me retirant, que de vous eftre importun. D'auantage, ie veoye comme l'accez m'eftoit fermé par ceux, qui en cerchant pluftoft le proffit de leur bourfe, ou l'aduancement de leur credit, que voftre bien & falut : ne ceffent d'enflamber voftre maiefté contre tous ceux, qui ofent ouurir la bouche pour taxer leurs abuz, ou mefmes qui ofent monftrer par fignes, qu'ilz n'y veulent point participer. S'il m'euft efté loifible, Sire, de vous en declairer ce que i'en auoye en mon cœur, ie me fuffe tenu bienheureux. Et non pas tant pour mō excufe, que pour ma defcharge du deuoir que i'ay enuers vous. Car ie fuis obligé, tant par le deuoir commun de tous voz fubiectz, que par le ferment que ie vous ay fait de fidelité : fi i'apperceuoye chofe qui fuft à voftre detriment, de mettre peine que voftre maiefté en fuft aduertie. Or creignant de n'eftre ouy, pour vous aduertir & remonftrer, combien la façō de feruir Dieu, qui eft auiourd'huy cōmune au monde, eft corrompue & pleine de beaucoup de polluciōs, ayant efté mal introduite, & fans fondement, mefme que la porte m'eftoit quafi fermée à cela, pour la perfuafion qu'on vous auoit dōnée du contraire, : ie fuis defcēdu au remede qui eftoit le plus prochain : c'eft de

monmōſtrer par mon partement, que ie ne vouloye nullement conſentir à telz abuz, ou faire ſemblant d'approuuer les ſuperſtitions, leſquelles ne peuuent ſinon prouoquer l'ire de Dieu, ſur tous ceux qui y communiquent. Parquoy, Sire, cōbien qu'on vous ait fait trouuer mauuais, que ie ſoye party ſans dire pourquoy : i'eſpere qu'en brief vous ne ferez pas mal content de mon faict, mais pluſtoſt m'en ſaurez bon gré. Cependant ie me conſole deuant Dieu, d'auoir eſté le premier de voſtre nobleſſe, qui aye fait telle declaratiō ſans parler : de ne point vouloir adherer aux choſes qui ſe commettēt tant contre l'honneur de Dieu, qu'au grand preiudice de voſtre maieſté. Tant y a, que l'intention dont i'y ay procedé, m'exēpte de tout blaſme : & le fait en ſoy, à mon aduis, ne me doit eſtre imputé à crime, ou faute.

Il reſte de reciter ou a eſté ma retraite, & comment ie me ſuis gouuerné par tout ou i'ay eſté. Si ie me fuſſe tranſporté en pays d'ennemiz, il y auroit occaſion de parler contre moy : mais ie ſuis venu premierement en voſtre ville imperiale de Couloigne, où i'ay veſcu ſans ſcandale : tellement que ie ne ſache auoir donné occaſion à nul de ſe pleindre, ou meſcōtenter de moy. Qui plus eſt, mōſeigneur l'archeuefque, & Electeur prince du pays, ayant entendu de ma conuerfacion : m'a monftré plus d'humanité & de faueur, que ie n'euffe pas ofé requerir, & a continué de ce faire iufques au partir. Qui eft bien figne, que mon portement n'y a efté que bon & louable. Car ie croy, Sire, que vous receurez bien la faueur d'vn tel Prince enuers moy, pour tefmoignage qu'il ne m'a pas cogneu de mauuaife forte. Quant aux gouuerneurs de la ville, i'efpere qu'ilz n'en feront que bon rapport. Delà eftant preffé de maladie, pour cercher les bains que les medecins me confeilloyent, n'ayant chemin plus propre que par le Rhin, pour euiter tant le cheual que le charroy : ie fuis venu iufques à Strafbourg, qui ne doit pas eftre tenu pour lieu eftrange : veu que c'eft l'vne de voz principales citez imperiales. Quand ie feroye à Paris, ou à Venife, encor n'en feroye-ie pas condamné, comme ayant commis grande offenfe. Par plus forte raifon, il me doit bien eftre loifible d'habiter foubz la iurifdiction de voftre Empire.

Neantmoins, Sire, c'eft la raifon furquoy voftre court de Malines principalement s'eft fondée : faififfant mes biens en voftre nom, & faifant puis apres autres procedures contre moy.

moy. Mais voſtre maieſté peut iuger, ſi c'eſt fondement ſuffiſant, pour me pourſuyure en telle rigueur. Vray eſt, qu'il y a là auſſi deux autres raiſons alleguées auec : aſſauoir, que contre voſtre defenſe expreſſe, ie party de voſtre ville de Couloigne, peu deuant voſtre arriuée. Et, quand il vous a pleu me mander, que i'euſſe à me retirer de la ville de Strasbourg, que ie n'en ſuis bougé, & qu'en cela ie me ſuis monſtré du tout deſobeiſſant. Du premier, Sire, ie vous en penſe auoir ſatisfait par lettres : attendu que l'excuſe, que ie vous en faiſoye, eſtoit ſi raiſonnable que rien plus : & la trouueriez vraye, quād il vous plairoit d'enquerir du temps de mon partement. Car les medecins, apres auoir tenté tous les remedes qui eſtoyent en leurs mains, m'auoyent ordonné les bains. Et conſyderant ma debilité, ou i'eſtoye deſia tombé, eſtant abbatu par la longueur de la maladie, m'auoyent conſeillé de me haſter tant que poſſible me ſeroit, de peur que ie ne fuſſe preuenu : ayant eſgard auſſi à ma foibleſſe, auoyent conſeillé de prendre le chemin plus ayſé, & moins penible. Qui fut cauſe que ie choiſy le cours du Rhin. Ie party donc de Couloigne, eſtant contreint de neceſſité fort vrgente, comme i'ay dit. Et de ce temps là, ie n'eſtoye pas aduerty de voſtre volenté, Sire. Quelques iours apres que ie fus arriué à Strasbourg, ie receu les fecondes lettres, qu'il vous auoit pleu m'efcrire : par lefquelles me commandiez d'attendre voftre venue à Couloigne. De retourner, il n'y auoit ordre. Car i'eftoye fi battu du chemin, que i'ay efté icy arrefté tout plat, au lict par longue efpace de temps : voire qu'on n'y attendoit plus de vie. C'eft chofe bien notoire, que le changement m'euft efté mortel, deuant qu'auoir fait deux iournées. Voyla donc, Sire, comme ie n'ay pas defobey, en forte que ce foit, au commandement de voftre maiefté, partant de Couloigne. Car pour lors ie n'auoye receu nulles lettres, ne mandement expres de demourer, qu'apres le fait, comme il m'eft facile de le prouuer, quand ie feroye admis à ce faire.

Quant eft du fecond : il vous pleuft, Sire, m'enuoyer vn gentilhomme de voftre maifon auec lettres de creance : lequel fe dit auoir charge de voftre maiefté, de fauoir comment ie me portoye : la caufe qui m'auoit meu de venir, & que i'auoye deliberé de faire : item, m'aduertir des foufpeçons mauuaifes qu'on auoit de moy touchant ma Foy, & que i'euffe à m'en purger par deuant voftre maiefté. Il vous a peu rapporter, Sire, la difpofition en laquelle il

me

me trouua. Ce tefmoignage fuffira pour verifier ce que i'en ay dit cy deffus. Car fi de ce temps là, commençant à me releuer en fanté, i'eftoye encore fi debile : de là il eftoit ayfé de iuger, combien i'auoye efté bas, quand la maladie eftoit en fa force. Que ie partiffe d'icy au dangier eminent de ma vie, ie croy que ce n'eftoit pas voftre intention, Sire : & me tiens encore tout perfuadé, que quant au poinct de la demeure que ie faifoye pour adonc à Strafbourg, vous ne fuftes pas mal content contre moy : voyant que la maladie m'y tenoit lié, fans qu'il fuft en ma puiffance de me mettre en chemin, ny mefme d'aller aux bains, comme il me auoit efté confeillé. Parquoy il eft tout euident qu'il n'y a eu nulle rebellion ne mefpris, pour offenfer voftre maiefté : comme voftre court de Malines prefuppofe, que i'aye efté rebelle en differant de partir d'icy. Car où la faculté n'eft point, on ne peut iuger du vouloir. Or eft il ainfi, que depuis ce temps là, ie n'ay point eu la puiffance de fortir de ma maifon feulement, fans m'incommoder.

Mais le principal, & dont tout le refte depend, eft la purgation que voftre maiefté m'auoit commandée : qui eft auffi le troifiefme article, que i'ay propofé traiter, & qui fera la con- *III* clusion de toute ma cause. Car quand on me impose les blasmes que i'ay touchez en passant, cy dessus, ce n'est pas qu'on m'en accuse enuers vostre maiesté. Et aussi il n'y a nulle couleur, pour vous induire à y adiouster foy. Parquoy la seule offense qui vous peut irriter contre moy, Sire, est que vous ayez souspeçon mauuaise de la Foy que ie tiens. Or vous sauez, que par le mesme gentilhomme, ie taschay à vous en satisfaire : vous couchant vne brieue somme de la confession de ma Foy : en laquelle ie ne desguisoye rien, pour en dire de bouche autrement que ie n'en pensoye en mon cœur. Il est bien vray que ie ne faisoye pas vne longue deduction des matieres, & ne dechifroye pas chascun article par le menu, comme il ne me sembloit pas aduis qu'il en fust mestier. Si est ce qu'elle ne contient rien, qui ne soit conforme à la vraye Chrestienté : & me peut seruir de protestation, que ie ne demande qu'à seruir Dieu en pure simplicité selon sa parolle. Or vostre court de Malines, Sire, prononce, que par là ie me suis aliené du tout de la Foy catholique. Ie ne suis pas mené de ceste folle ambicion, d'appeter qu'on me repute homme sauant. Mais ie m'esbahy de ce qu'ilz ont trouué en ma confession, pour la condamner ainsi.

Car

Car ie n'y dy rien que tous les Prophetes, & Apoſtres, & Martyrs, qui ont iamais eſté, n'ayent proteſté de croire. Ainſi ie ne ſay qu'ilz y trouuent tant à redire : ſinon d'autant que ie n'y approuue point les erreurs que ie ſuis contreint de reietter, ſi ie ne vouloye contredire à Dieu. Si n'eſt-ce pas pour condamner ſi rudement vne doctrine que i'ay commune auec tous les fideles, qui ont iamais eſté en l'Egliſe de Dieu. De voſtre coſté, Sire, i'eſpere qu'elle aura eſté mieux receue. Mais pour ce que ie n'en ſuis pas certain : & que i'ay deliberé de vous expoſer tout le fait de ma cauſe, ſans aucune diſſimulacion : il ne faut pas que ie deffaille au poinct principal. Seulement ie ſupplie, que comme ie n'y procede, ny en malice, ny en arrogance, ny en hypocriſie : qu'il plaiſe à voſtre maieſté d'auoir la pacience de m'ouyr, iuſques à ce que ie aye declairé en brieues parolles, en quelle Foy i'ay veſcu par cy deuant, & entens de mourir, tant qu'il plaira à Dieu me conduire par ſon ſainct Eſprit, qui ſera, comme i'eſpere, en la vie & en la mort.

Il n'y a cauſe de ſi petite importance, de laquelle il ſoit licite de iuger deuant qu'auoir cogneu. Or ſi nous auons crainte de Dieu, & portons reuerence à ſa maieſté : ceſte cauſe me-

E

rite plus diligente inquificion, que nulle autre. Car il eſt queſtion de la doctrine de Dieu, en laquelle confiſte fon honneur, & le falut de noz ames : laquelle eſt le fceptre fpirituel du fouuerain Empire de noſtre Seigneur Iefus, par laquelle le fruit de fa mort & paſſion nous eſt diſtribué : laquelle eſt la reigle de noſtre vie, & par laquelle nous ferons vne fois tous iugez, grans & petis.

Ie vous fupplie humblement, Sire, qu'il vous fouuienne que c'eſt l'vn de voz plus obeiſſans fubietz, qui fe prefente deuant voſtre maieſté : lequel eſtant defcendu de maifon honorable, & s'eſtant honneſtement porté tout le temps de fa vie, en forte qu'on ne luy peut faire reproche de nulle faute, eſt feulement accufé d'vn cas : c'eſt qu'il n'eſt pas adherant à la Foy catholique, mais tient quelques mauuaifes opinions à part. Ie confeſſe bien que c'eſt vn grand crime & enorme. Mais puis que ie me prefente à vous expofer comment ie fuis accufé à tort, qu'il vous plaife me donner audience, iufques à ce que vous ayez bien cogneu, & meurement confyderé, comme il en va.

Or pour ce qu'on voit iournellement par experience, qu'à caufe des corrupteles qui regnent au monde, plufieurs chofes font trouuées

uées eſtranges & nouuelles, combien qu'elles ſoyent de Dieu, prinſes de ſa parolle : ie ſuis contreint, deuant que paſſer outre, requerir à voſtre maieſté, Sire, de reduire en memoire ce qui ne vous eſt pas incogneu, ny à nulle perſonne de ſain iugement : c'eſt qu'il y a beaucoup d'abuz auiourdhuy en l'Egliſe Chreſtienne, qui meritent d'eſtre corrigez, & pour leſquelz Dieu eſt courroucé ſur le monde. Ie dy abuz, non pas ſeulement en la vie des Prelatz & du Clergé, & aux vices, qui ne concernent que leurs perſonnes : mais en ſuperſtitions & erreurs, dont le poure peuple eſt ſeduit, voire meſme les plus grās, iuſques aux Princes. Car il eſt bien certain, qu'on a merueilleuſement decliné de la purité qui eſtoit du temps des Apoſtres. Et meſme que beaucoup de façons de faire vicieuſes, ont eſté introduites depuis quatre ou cinq cens ans, voire d'aucunes plus nouuellement.

Qu'il vous plaiſe ſecondement conſyderer, quel remord de conſcience c'eſt à vn homme d'y conſentir, ou en faire le ſemblant, apres les auoir cogneues. Principalement quant à moy, i'euſſe d'autant eſté plus preſſé du iugement de Dieu, pource qu'il y a deſia longtemps que i'en ay eu quelque aduertiſſement. Car dez l'aage de quinze ou ſeize ans, ie commençay à goufter quelque peu de ce, que Dieu m'a depuis reuelé par fa grace plus pleinemēt. Pour quelque efpace de temps, cela eft demeuré comme enfeuely : neantmoins Dieu, par fa bonté infinie, n'a pas permis qu'il fuft aneanty du tout : mais pluftoft a monftré que c'eftoit vne clarté fuffoquée, & non pas efteinte. Parquoy eftant derechef admonnefté de ce qui en eftoit, il falloit bien que ie refiftaffe à Dieu, ou que ie fiffe valoir l'intelligence qu'il m'auoit donnée. C'eft la fentence de noftre Seigneur Iefus, que le feruiteur fachant la volenté de fon maiftre, & ne la faifant pas, fera puny au double. Et nous la practiquons iournellement entre nous. Ainfi i'euffe efté plus grieuement coulpable, faifant contre ma confcience, que ceux aufquelz Dieu n'a pas encore tant ouuert les yeux. Car ce qui eft ignorance en eux, euft efté rebellion en moy. Il me femble que cela m'eft pour excufe legitime, à ce que ie ne foye mefuré à la reigle des autres : puis que leur condicion eft diuerfe à la mienne. Ce que ie dy, non point par vanterie : mais feulement à ce que voftre maiefté cognoiffe, Sire, que i'ay marché felon que ma confcience me pouffoit deuant Dieu, eftant fondée en fa parolle, cōme il eft requis,

&

& que nulle temerité ne m'a incité à m'aduā-
cer plus que les autres. Au reſte, ie ne ſuis pas
tāt adōné à mon ſens, que ie ne ſoye touſiours
preſt de renoncer à moymeſme, pour ſuyure
ce qui me ſera remonſtré ſelon Dieu. Car
i'entens bien, que comme c'eſt l'office d'vn
Chreſtien de ſe tenir conſtamment à la verité de Dieu : auſſi eſt-ce pareillement de ſe rendre docile à ceux, qui luy remonſtrent par
raiſon, qu'il a failly.

Pour le commencement, ie proteſte, comme i'ay deſia fait, que ie croy & reçoy ſans aucune doute, tout ce qui eſt contenu tant en la
ſaincte Eſcriture, qu'en la creance des Chreſtiens, qu'on appelle le Symbole des Apoſtres : &
que ie ne ſuis entaché de nulle hereſie cōdam-
née en l'Egliſe anciēne, mais les deteſte toutes.

Suyuant la reigle qui nous eſt donnée en
l'Eſcriture, i'adore vn ſeul Dieu, ne transferant
point aux creatures l'honneur qu'il s'eſt reſer-
ué à luy ſeul : & l'adore en la façon qu'il le commande, non point en ma phantaſie. Item, ie recognois que de luy procede tout bien, toute
ſageſſe, vertu, iuſtice, & tout ce qui eſt louable :
tellement que luy ſeul merite d'eſtre glorifié.
Ie cognois que nous deuons deſdier toute noſtre vie à ſon ſeruice : le ſeruans, non pas ſelon

noz propres inuentions, mais selon ses sainctz Commandemens.

D'autre costé, ie recognois que nous sommes si malheureux, qu'au lieu de luy obeir, comme nous sommes tenuz, nous ne faisons que contreuenir à sa volenté : & que cela vient de la corruption que nous auons de nostre premier pere Adam, lequel s'estant destourné de Dieu, nous a tous ruynez auec soy.

Ainsi, ie recognois que dés le ventre de ma mere, nous sommes tous coulpables de la mort eternelle, pour le peché que nous apportons auec nous : & que Dieu nous peut tous iustement condamner.

D'auantage, que nostre nature est si vitieuse & peruerse, que nous sommes aueuglez en nostre entendement : & que nostre cœur est mauuais, si qu'il ne peut sortir de nous que mal : & quelque apparence de bien & de vertu que nous ayons, que tout n'est qu'abomination deuant Dieu, cependant que nous demourons en nostre naturel.

Mais Dieu par sa bonté infinie, regardant à nostre poureté, & considerant que c'estoit vne maladie incurable, sinon que le remede vint de luy : a eu pitié de nous, en nous secourant par son filz nostre Seigneur Iesus Christ,

l'enl'enuoyant pour redempteur, afin que par son moyen tout ce que nous auons perdu en Adam, nous fuſt reſtitué.

Ie recognois donc, que noſtre Seigneur Ieſus, ſuyuant la fin pour laquelle il a eſté enuoyé en ce monde : nous a reconcilié à Dieu ſon Pere, par ſa mort & paſſion, aboliſſant noz pechez, afin qu'il n'y euſt rien qui nous empeſchaſt de luy eſtre agreables.

Apres, qu'il eſt auſſi venu pour nous afranchir par la grace du ſainct Eſprit, de la ſeruitude du peché : ce qu'il fait, quand il mortifie en nous le viel homme : c'eſt à dire la peruerſité de noſtre nature, pour nous regenerer.

Ainſi i'entens, qu'eſtans retirez de l'abyſme de mort, nous ſommes receuz en la grace de Dieu par ſa bonté gratuite : & ſommes reputez iuſtes au nom de Ieſus Chriſt, non point par noz merites. Qu'apres auoir eſté acceptez ainſi de Dieu pour ſes enfans, que nous ſommes faitz participans de la grace du ſainct Eſprit, pour nous gouuerner en ſon obeiſſance. Et ce, par le moyen de noſtre Seigneur Ieſus.

Et pource que viuans en ce monde, nous defaillons touſiours, & ſommes bien loing de ſatisfaire à noſtre deuoir : par la meſme grace de noſtre Seigneur Ieſus Chriſt, Dieu ſupplée les defautz qui font en nous, en les nous pardonnant par fa misericorde : tellement que nous auons toufiours befoing de la remiffion de noz pechez, iufques en la fin.

Pourtant, ie conftitue toute la fiance de mon falut en noftre Seigneur Iefus Chrift : ne doutant point qu'il ne me foit vn bon gaige & feur, de l'amour paternel que me porte Dieu fon Pere : luy attribuant le tout fans rien imaginer de moy, ne de ma vertu.

Or i'entens, que nous receuons par Foy Iefus Chrift, & toutes fes graces, quand nous croyons fermement, que tout ce qui nous eft teftifié de luy en l'Euangile, eft vray. Ainfi par Foy nous entrons en poffeffion de noftre falut : comme il nous eft prefenté en l'Euangile.

Cependant ie recognois, que cefte Foy doit eftre conioincte auec repentance, pour viure fainctement & en bonne confcience : & que c'eft vn abuz de pretendre la grace de Dieu pour auoir licence de mal faire, voire vn blafpheme execrable, contre Dieu & fon Euangile, veu que nous fommes appellez en grace, pour feruir à fa gloire, en toute faincteté.

I'entens donc, qu'il nous conuient en nous humiliant, attribuer la louange de noftre falut à la bōté de Dieu, qu'il nous a faite par le moyen

moyen de son filz, & appuyer là toute nostre confiance : mais que nous ne sommes point participans d'vn tel bien, qu'en nous reduisant à Dieu, pour faire fruictz de bonnes œuures & sainctes. Et defait, que iamais l'vn ne nous est donné sans l'autre.

Sur ce fondement, i'inuoque vn seul Dieu, & ay tout mon refuge à luy, au nom de son filz qu'il nous a donné pour mediateur & aduocat : me confiant que par ce moyen, i'auray tousiours accés à sa maiesté. Et l'inuoque apres auoir desiré l'aduancement de son regne : tant pour luy demander pardon de mes offenses, que son assistence pour me conduire à bien, & me retirer du mal : consequemment pour me subuenir en tout ce qui m'est expedient, tant au corps qu'à l'ame. Et non seulement pour moy, mais aussi pour les autres, selon qu'il nous commande & enseigne en l'Escriture.

Ie tiens les saincts Sacremens en telle reuerence, comme tous Chrestiens les doiuent tenir. Du Baptesme, ie recognois que c'est le tesmoignage, & le seau du lauement, que nous auons par le sang de Iesus Christ, & de la regeneracion que nous auons par son sainct Esprit. Et que là nous auons pleine asseuran-

F

ce de la grace de Dieu, & confequemment de la vie eternelle, tant pour nous que noz enfans.

Je recognois qu'en la Cene, foubz les fignes du pain & du vin, nous receuons vrayement le corps & le fang de Iefus Chrift : d'autant qu'eftans icy en terre, nous montons par Foy au ciel iufque à luy : & par la vertu fecrete de fon efprit, il fe conioinct auec nous pour nourrir fpirituellement noz ames de fa fubftance : afin qu'en communicant à luy, & eftans membres de fon corps, nous foyons faictz participans de tous fes biens.

Ie recognois, que ces deux Sacremens fe doyuent adminiftrer en l'Eglife, par ceux qui en font deputez miniftres : & que l'vfage nous en eft requis à tous, felon la capacité d'vn chafcun.

Ie recognois que tous fideles doyuent garder l'vnité de l'Eglife, hors laquelle il n'y a point de falut : & que c'eft vn crime mortel deuant Dieu, de faire fecte à part, ou diuifion.

Item : Que comme il y a vne Eglife vniuerfelle, en laquelle tous les fideles font comprins : qu'auffi en tous lieux il y doit auoir des eglifes particulieres comme membres d'icelle, aufquelles tous Chreftiens fe doiuent congreger

ger pour prier Dieu, faire proteſtation de leur Foy, receuoir les Sacremens, & ouyr les ſermons.

Item, que pour euiter confuſion, il faut qu'il y ait des prelatz & paſteurs, qui y preſident pour gouuerner le peuple : & que c'eſt vn ordre inuiolable, comme il a eſté inſtitué de noſtre Seigneur.

Ie confeſſe qu'on leur doit porter honeur & leur obeir, quand ilz executent fidelement leur charge : entant que cela eſt obeir à Dieu, duquel ilz portent la doctrine. Et encore qu'ilz fuſſent vitieux en leur vie, & diſſoluz : que ce n'eſt pas à chaſcun particulier de les reietter, iuſques à ce qu'on y ait proueu par bon ordre.

Item, que pour entretenir bonne police, il eſt expedient, qu'il y ait des ordonnances conuenables à l'eſtat & diſpoſition de chaſcune Egliſe. Et comme l'authorité appartient à l'Egliſe, de les faire & eſtablir : auſſi que tous s'y doyuēt renger d'vn accord : moyennāt que elles n'y ſoyent point faites pour lyer les conſciences, mais ſeulement par forme de police, & que toute ſuperſticion et tyrānie, en ſoyent excluſes.

Pareillement, qu'il conuient ſe conformer aux ceremonies, qui ſeruent à l'ordre &

F 2

honnesteté, & sont vtiles à l'instruction du peuple, afin que tout se face par bon accord. Mais s'il y a des ceremonies contraires à l'honneur de Dieu, & à sa doctrine, cōme celles qui contiennent idolatrie manifeste : qu'elles doyuent estre abolies.

Voyla, Sire, en somme la Foy que i'ay tenue, & en laquelle ie perseuere, sans que i'y dissimule rien. Ie croy qu'en icelle, vostre maiesté iugera, que ie n'y procede qu'en simplicité, sans affection aucune de me monstrer. Comme à la verité, ie n'ay pretendu dés le commencement à autre but, que de cheminer simplement en la creinte de mon Dieu. Et auiourd'huy ie puis protester auec sainct Paul, qu'il n'y a autre fondement du blasme qu'on me met sus, sinon d'autant que i'espere au Dieu viuant. Car ie n'estime pas, qu'en la confession que i'ay icy recitée, il y ait ne blaspheme, n'erreur contre la Chrestienté : puis qu'il n'y a rien qu'à la gloire de Dieu.

Au reste, c'est chose toute notoire, qu'auiourd'huy quasi par toute la Chrestienté, mesmement au pays ou i'auoye à viure : la pure verité de ceste doctrine est fort corrompue. D'autant qu'on magnifie la vertu & les merites des hommes, contre la grace de Iesus Christ : d'autant que

que la remiſsion gratuite des pechez, eſt aneantie par la doctrine des ſatisfactiõs: qu'au lieu de mõſtrer au peuple ou il doit fonder l'aſſeurance de ſon ſalut, on luy commande d'eſtre touſiours en doute & en ſuſpend: que la Foy eſt tournée en opinion & en cuider: qu'au lieu de la vraye penitence, qui giſt en ce qu'on renonce à ſoymeſme, pour ſe renger en l'obeiſſance de Dieu, on amuſe le poure monde à quelques exercices corporelz & externes. Au lieu d'adreſſer les hommes à Ieſus Chriſt, pour auoir accés à Dieu le Pere en toutes leurs prieres: on les enuoye confuſement à ſainctz & à ſainctes. En ſorte (comme le prouerbe commun le teſtifie) qu'on n'y cognoiſt Dieu pour les Apoſtres. Item, que pour tout ſeruice de Dieu, on ne preſche qu'inuentions humaines, follement introduites: contre ce qui eſt dit, Qu'en vain on ſe tormente d'honnorer Dieu, ſelon les traditions des hommes. D'auantage, que tout le vray ſeruice de Dieu, qui eſt ſpirituel, y eſt renuerſé: par ce qu'on le cuide appaiſer, & contenter de ceremonies externes.

2 Autant & plus en puis ie dire de l'adminiſtration des Sacremens, & de toutes les façons de faire, qu'on obſerue aux temples. Car ce qui eſt le principal aux Sacremens, de

faire entendre au peuple qu'ilz fignifient, quel myftere ilz emportent, pourquoy ilz font ordonnez : eft là omis, & enfeuely du tout, & n'y fait on que barbotter en langue incogneue. Et mefme il n'eft pas permis d'en donner l'intelligence à tous. Ainfi, au lieu que les Sacremens doyuent eftre exercices, pour nous renuoyer à noftre Seigneur Iefus Chrift, afin de cercher en luy la remiffion de noz pechez, la grace du fainct Efprit pour nous regenerer, & tout ce qui concerne noftre falut : par faute qu'il n'y a nulle declaracion, le commun peuple, voire qui plus eft, les mieux entenduz, s'abufent aux fignes vifibles, & y arreftent la fiance de leur falut. Qui eft vne pefte mortelle. Puis apres on a tant adioufté, & meflé à ce qui a efté inftitué de Dieu, que tout eft plein de fictions humaines. Qui pis eft, on a changé les ordonnances de Dieu en façons eftranges : tellement qu'il n'y a rien de femblable. Il y a d'autre cofté des fuperfticions beaucoup, & idolatries toutes manifeftes : efquelles il n'eft pas licite à l'homme Chreftien de communiquer. Aux oraifons & letanies qui fe font aux temples, il y a des blafphemes contenuz, que tous Chreftiens, en eftans aduertiz, doyuent detefter.

Quant

Quant à l'obeiſſance que i'ay touſiours rendue à voſtre maieſté, i'en ay dit cy deſſus. Maintenant, ie proteſte que ie l'ay fait en telle forte, que ſainct Paul le commande : c'eſt à dire, non pas de crainte d'eſtre puny, ſi ie faiſoye le contraire, mais pource que ie me ſentoye eſtre tenu à cela : & ainſi ce n'a pas eſté par contreinte, mais de franche volunté. Car ie recognoy les Princes pour miniſtres ordonnez de Dieu, à gouuerner le monde : que leur eſtat eſt ſainct & honorable : pource qu'en exerçant vne œuure de Dieu excellente, ilz ſont comme ſes lieutenans. Qu'ilz ont le glaiue en la main, pour punir les mauuais, & maintenir les bons : & qu'ilz en peuuent vſer licitement : & meſme le doyuent faire. Que nous ſommes tenuz à leur payer tributz, peages, impoſtz, & autres deuoirs, pour ſupporter les fraiz qu'ilz font à nous maintenir : que nous leur deuons obeir & eſtre ſubietz, ſelon que Dieu leur a donné la preéminence ſur nous.

Or cependant, ſi ie me ſuis abſtenu de me polluer aux ſuperſtitions, qui contreuenoyent à ma conſcience (comme i'ay n'agueres touché, qu'elles ſont repugnantes à la verité de Dieu) & qu'en cela ie n'aye peu complaire à voſtre maieſté, Sire, comme i'euſſe deſiré : ie

F 4

puis neantmoins protefter auec Daniel, que ie n'ay commis nulle offenfe contre vous. Car comme Daniel, n'ayant point obtemperé à l'edict, que fon Prince, eftant mal informé, & à l'inftigation des mauuais confeilliers, auoit publié, n'a pas laiffé pourtant de luy rendre le deuoir d'vn bon & loyal fubiet en tout & par tout : auffi quant à moy, ie penfe auoir fatisfait à mon deuoir, puis que ie n'ay en rien forfait, mais feulement me fuis abftenu de ce qui ne m'eftoit point licite felon Dieu. Et maintenant ie fupplie voftre maiefté, Sire, qu'il luy plaife receuoir cefte excufe. Car il n'y a rien en ce monde qui me foit fi dur à porter, que d'eftre en l'indignation d'icelle. Si ie me fentoye coulpable de l'auoir offenfée, ie me prefenteroye à toute punition, pluftoft que de viure en tel regret & fafcherie. Cognoiffant qu'on vous a irrité fans caufe contre moy, ie ne fay que faire, finon de vous fupplier, qu'il vous plaife cognoiftre mon innocence. Priant Dieu auffi, de vous manifefter l'affection de mon cœur : laquelle vous contenteroit, Sire, fi elle vous eftoit bien cogneue. Pour le moins, vous fauriez que iamais ie n'ay defiré qu'à me gouuerner en la crainte de Dieu, foubz l'obeiffance de voftre maiefté : & que maintenant ie

n'ay

n'ay pas changé de propos. Que fi par la grace de Dieu, vn tel bien m'eft ottroyé, qu'apres m'auoir prefté benigne audience en la lecture de ce mien efcrit, voftre plaifir foit d'accepter mes excufes : ie me reputeray bienheureux. Ce pendant ie me repofe en cefte confolation, qui n'eft pas petite : que i'ay ma confcience pure deuant Dieu & fes Anges, & que ie feray trouué tel de fait deuant le monde, quand on enquerra de
la verité.

AVX LECTEVRS.

Ly a enuiron deux ans, que i'auoye fait ceste defense, en intention de la presenter à la maiesté Imperiale, pour me iustifier des calomnies, qui m'auoyent faussement esté mises sus par mes maluueillans : ou plustost ennemiz de la verité de Dieu. Mais il est suruenu plusieurs empeschemens depuis, qui ont esté cause, que iusque icy elle n'est sortie de mes mains. Car par l'espace d'vn an, i'ay esté battu de grieue maladie, tellement que ie n'y pouuoye donner ordre comme i'eusse bien voulu. Sur ce temps là aussi, ou tantost apres, il fut bruit, que l'Empereur deuoit passer à Strasbourg : auquel lieu ie faisoye ma residence. Qui estoit bonne occasion & propre, pour me presenter à sa maiesté, auec ladite defense. Estant frustré de cest espoir, d'autant qu'il print son chemin d'vn autre costé, ie taschay qu'elle luy fust presentée à Regspourg, en la iournée qu'il tenoit là. Et pour ceste fin, la fis adresser aux ambassadeurs des princes protestans, qui en eussent volontiers prins la charge : sinon que desia ilz eussent esté en doute, touchant les troubles de guerre, qui incontinent apres furent esmeuz. Cependant i'attendoye, que les differens s'appoinctassent : & que Dieu par sa bonté reduist tous les estatz de l'Empire en bon accord auec le chef. Qui eust esté encore vne autre bonne opportunité, pour auoir accez amiable à l'Empereur. Mais nous voyons comme le mal continue, au grand regret de tous ceux qui ayment la Chrestienté. Ainsi, il n'y a nul moyen pour moy, d'auoir audience vers ledit Seigneur, pour luy faire entendre mon innocence, & bon droit. D'autrepart, il y en a plusieurs, qui par faute d'aduertissement, me tiennent en mauuaise reputation : comme si le parlement de Malines auoit eu quelque raison de me persecuter. Or en cela non seulement mon honneur est blessé iniustement : mais qui plus est, ie feroye occasion de scandale à plusieurs consciences infirmes, la saincte parolle de Dieu seroit exposée à la moquerie des infideles, & par consequent son nom blasphemé. C'est la principale cause, qui m'a induit, voire mesme contreint, à faire publier ladite defense. Car ie proteste,

que

AVX LECTEVRS.

que ie n'ay pas tant eu efgard à ma perfonne, comme à l'e-
dification commune de tous ceux, qui la pourront
voir. Si par ce moyen elle pouuoit auffi par-
uenir iufques à la maiefté Imperiale, i'au-
roye dequoy louer Dieu encore plus
amplement. Toutesfois quoy
qu'il en foit, ie feray aucunement en repos,
de m'eftre ac-
quité de
mon
deuoir.
Ce premier
iour de mars,
1548.

TABLE

Introduction.	. . . .	I
I.	Origine de Jacques de Bourgogne. — Sa famille. — Sa jeunesse.	IV
II.	Falais se laisse gagner par les doctrines de la Réforme. — Son mariage . . .	IX
III.	Premières relations avec Calvin. — Falais quitte les Pays-Bas et se rend à Cologne.	XVI
IV.	Falais à Strasbourg	XX
V.	L' « Excuse »	XXVI
VI.	Falais quitte Strasbourg et s'établit à Bâle	XXXIV

TABLE

VII. Le Château de Veigy XLI

VIII. L'affaire de Bolsec. — Rupture avec
Calvin. XLVI

IX. Dernières années LVIII

Notice Bibliographique LXVII

Excvse de noble Seignevr Iaqves de
Bovrgoigne I

Avx Lectevrs 50

Achevé d'imprimer

le douze août mil huit cent quatre-vingt-seize

PAR

ALPHONSE LEMERRE

25, RUE DES GRANDS-AUGUSTINS, 25

A PARIS

BIBLIOTHÈQUE D'UN CURIEUX

Volumes in-12 écu, imprimés sur papier de Hollande.
Chaque volume : 5 fr. ou 7 fr. 50.

LES ODES D'OLIVIER DE MAGNY. 2 vol.	10 »
LES AMOURS D'OLIVIER DE MAGNY, avec notes par E. Courbet. 1 vol.	5 »
DERNIÈRES POÉSIES D'OLIVIER DE MAGNY, avec notice et index par E. Courbet. 1 vol.	5 »
LES COMPTES DU MONDE ADVENTUREUX, avec des notes par Félix Franck. 2 volumes; chaque vol.	7 50
LES NOUVEAUX SATYRES D'ANGOT L'EPERONNIÈRE, avec une notice et des notes par M. Prosper Blanchemain. 1 vol.	7 50
LA SATYRE MÉNIPPÉE, avec une notice et des notes par Édouard Tricotel. 2 volumes; chaque vol.	7 50
LES PROPOS RUSTIQUES DE NOEL DU FAIL, avec des notes par M. Arthur de la Borderie. 1 vol.	7 50
LES BALIVERNERIES ET LES CONTES D'EUTRAPEL, par NOEL DU FAIL. Texte original et Glossaire, avec une Notice par E. Courbet. 2 volumes; chaque vol.	7 50
HISTOIRE DE LA CONQUÊTE DE LA NOUVELLE-ESPAGNE, traduite de Bernal Dial del Castillo, avec une préface et des notes, par José-Maria de Heredia. 5 volumes; chaque vol.	7 50
HISTOIRE D'UN VOYAGE FAICT EN LA TERRE DU BRÉSIL, traduite de Jean de Léry, avec une introduction et des notes par Paul Gaffarel, professeur à la Faculté des lettres de Dijon. 2 vol.	10 »
POÉSIES DE PASSERAT, avec notes par Prosper Blanchemain. 2 vol.	10 »
LA MARQUISE DE BRINVILLIERS. Récit de ses derniers moments (manuscrit du P. Pirot, son confesseur). Notes et documents sur sa vie et son procès par G. Roullier. 2 vol.	10 »
LES ŒUVRES POÉTIQUES DE FRANÇOIS MAYNARD, avec notice et notes par GASTON GARRISSON. 3 v.; chaque volume	7 50
LES ŒUVRES DE LOUISE LABÉ, avec notice, notes et Glossaire par CH. BOY. 2 vol.	10 »
OLIVIER BASSELIN ET LE VAU DE VIRE, avec notice et notes par A. GASTÉ. 1 vol.	5 »
LE MOYEN DE PARVENIR, par BEROALDE DE VERVILLE. Notice, Variantes, Glossaire et Index des Noms par CHARLES ROYER. 2 vol.	15 »

Paris. — Imp. A. LEMERRE, 25 rue des Grands-Augustins. 4.-2588

www.ingramcontent.com/pod-product-compliance
Lightning Source LLC
Chambersburg PA
CBHW060153100426
42744CB00007B/1018